男性性の探究

ラファエル・リオジエ

伊達聖伸＝訳

DESCENTE
AU CŒUR DU MÂLE

RAPHAËL LIOGIER

講談社

「自分の男らしさに自信のない男ほど、女に対しては傲慢で、攻撃的で横柄な態度を取る」

（ボーヴォワール『第二の性』）

「とにかく、美しい女が抵抗するのに打ち勝つことほど気持ちのよいことはない。この点については、私は征服者の野心を持っている。征服者とは、たえず勝利から勝利へと突き進み、望みに限界を設けることができないのだ」

（モリエール『ドン・ジュアン』）

「自然とされる女性像とは歴史の産物であって、歴史は女性の性質を変える」

（アドルノ＆ホルクハイマー『啓蒙の弁証法』）

男性性の探究　目次

男性性の探究

このテクストを書きはじめたのは、#MeTooについて多くの女性の証言が寄せられていたときだった。そうした証言に驚きながら、ひとつの疑念が私のうちに湧いてきた。自分はヨーロッパ人男性で、都会人で、西洋人で、裕福で、白人で、異性愛者だ。要するに、見たところ差別される側の人間ではない。だから、私が言葉を連ねてみても、それは正当性を持たないのではないだろうか。少なくとも、距離を設けた考察で満足するのではなく、自分の全人格をかけて論じたいというのであるならば。

私の疑念はそのあと消え去った。語るべきなのは、女性についてではない。彼女たちの特異性や親密性についてではない。そうだとしたら、私にはできなかっただろう。そうではなく、私たちに共通の世界について注意を喚起すること。そこでは、今日でも驚くべき格差が存続していて、その不均衡は私たちの日常的な知覚や振る舞いによって巧妙な形で維持されている。だから、私が正当であるためには、人間であればよかった。反対のことを信じていたら、つまり厚いヴェールがどこまでも女性的なものと男性的なものを隔てていると思い込み、神秘的で乗り越えることのできない違いがあると思い込んでいたとしたら、私に言う準備ができていたことの意味そのものを裏切ることになっただろう。

二〇一七年一〇月以来、ハラスメントを受けた女性たち、さらにはレイプされた女性たちの証言が積み重ねられていた。それらを読み進めていくにつれて、私は嫌悪感を覚えた。その嫌悪感は次第に居心地の悪さに変わっていった。

たしかにこれらの男たちは嫌悪を催させる。しばしば哀れでさえある。その多くは卑劣漢で破廉恥だ。しかし、そいつらは私とまったく同じような人間《オム》＝男なのだ。そして、そいつらは人間＝男として卑劣なのだ。すぐには認めたくなかったが、私は自分の男性的な《ヴィリル》アイデンティティの一部と真正面から向きあうことを余儀なくされた。それを否定することは偽善だろう。たとえ自分のことを典型的なハラスメント行為で責める必要がないとしても。耐え難い状況の描写の背後におぼろげながら見えてきたのは、私もまたいかに女性を見て欲望するよう条件づけられてきたのかということであった。

私には新しいジェンダー理論を提唱するつもりはないし、ましてやフェミニズムの教訓を与えるつもりもない。実のところ、よく考えてみると、私が優先的に語りかけているのは男性たちに対してである。それにまた、私がこれから書こうとしているのは、おもに男性についてである。私は男性として男性たちに語りかけており、それは私自身の動揺《トラブル》を出発点にしている。

というのも、私の確信するところでは、メディアの喧しさを超えたところで、女性たちは今日「私たち〔男性〕」よりも自分自身について明晰だからである。少なくとも、自分たちが望み、もはや望んでいないことについて、彼女たちは明晰である。これとは反対に、私の兄弟である男性たちは、外見は平静を装うものの、内心はますます動揺していて、男らしさの帝国の崩壊をなかなか受け入れることができずにいる。
#MeToo の世界的成功は、この帝国の崩壊を告げるひとつの否定しがたい兆候である。彼らは痛みを覚え、私は痛みを覚え、私たちは痛みを覚え、男性としての私たちの野望、幻想、振る舞い、欲望をうまく再定義できずにいる。要するに、世界における私たちの位

置、女性に対する関係、私たちのアイデンティティを再定義するのに苦労している。たとえ私たちの大部分は、私たちは変わらずにいることはできないと、頭では分かっているにもかかわらず。

男〔という悪〕の凡庸さ

二〇一一年五月一四日、ニューヨークのジョン・F・ケネディ空港で、ドミニク・ストロス＝カーンが、ヨーロッパに向けて飛び立とうとしていたところを取り押さえられた。この電撃的な逮捕は、女性の「状況《シチュアシオン》*1」についての大々的な議論はまったく引き起こすことがなかった。事件はそれでも世界中に報じられた。それは――六年後のワインスタイン事件と同じように――力を持つひとりの男性が、彼に依存する関係にあった女性に対する性的暴力のかどで咎めを受けたというものであった。被疑者の彼は、国際通貨基金（IMF）の専務理事で、将来フランス共和国大統領になるかもしれないと取りざたされていた。被害者とされた女性は若いギニア人で、彼がマンハッタンで宿泊したホテルの客室清掃員だった。このあと人びとは、この男がつねに発情状態にある性的捕食者であったことを知る。彼はＩＭＦの役職を辞任せざるをえず、大統領選挙には出馬できなかった。だが、その転落において、他の男性たちを巻き込むことはなかった。ドミノ倒しは起こらなかった。たしかにこの事件を受けて、他の女性たちの言葉が突如として信憑性を持つものとなり、彼女たちがこの事実から受けた痛みの状況について告発するということは見られた。ただし、私たちの前に提示されたのは、ひとりの性的に貪食な人物、放蕩者《リベルタン》、病人であった。描き出されたのは、精神の平衡を失ったひとりの人物の姿であった。要するに、異常な一個人の話ということであった。

映画界の大物プロデューサー、ハーヴェイ・ワインスタインも、たちまちのうちに玉座から転がり落ちた。二〇一七年一〇月五日付の「ニューヨーク・タイムズ」に告発記事が掲載されると、全ハリウッドから見捨てられて威光を失った。しかし、彼の転落は爆発的な連鎖反応を引き起こした。というのも、孤立した怪物的なひとりの捕食者のシステムを超えて、私たちがそのなかで生きているシステムが白日のもとに晒されたからである。実際に不平等である近代文明の規範が、何百万もの女性たちの証言という残酷な光のもとに現われた。どうしてこのような噴出が生じたのだろうか。どうして至るところでスキャンダルが暴かれ、大臣や議員の辞任、大学教員の免職、企業経営者の解雇が世界中で巻き起こったのだろうか。

もちろん、時宜にかなない、好機を得た偶然という状況もあっただろう。男らしさが滑稽であるほどに骨の髄まで染み込んだかつてのプレイボーイ、ハラスメント体質であることを自認する男性がホワイトハウスに登りつめたことは、おそらくそれと無縁ではないだろう。認めなければなるまいが、この男が二〇一六年秋のアメリカ大統領選のときに、大サーカスの舞台を歩き回るようにメディアを闊歩するのを真剣に受け止めることは難しかった。彼はまるで絶滅危惧種の最後の一匹のように見えたものだ。ところが、このドナルド・トランプが、アメリカ大統領に選ばれたのである。革新派の見方とは反対に、支配的な男性が慎ましやかで美しい「トロフィー」ワイフ（トランプ自身の言葉）を脇にしたがえるという――カリカチュアの域に達するほどの――旧世界が、なお確固として存在していたことを認めなければならなかった。同じ社会の中核部分で、栄光に満ちた男らしさの旧世界と、女性たちが到達した観念の成熟と経済的自立のあいだに乖離が生じていることが、ますます明らかになっていた。それだけに、ますます容認しがたいものになっていた。

実際、二〇世紀半ば以降、ますます多くの女性が、劣位に置かれた条件に内在する困難にもかかわらず、男性に対して上位になるとは言わないまでも、対等な立場に達するようになってきた。まずは学校や大学において、そしてさまざまな抵抗は今日もなお続いているが、専門職や政治の世界において。彼女たちは近代性《モデルニテ》という言葉を文字通りに受け止めただけである。

こうして、近代の平等の原則にしたがって生きたい、生きる手段を自分で手に入れたいという女性の願望と、彼女たちに対してこの平等を日常的に否定する男性の振る舞いの存続、思考停止、さらには再発とのあいだのずれが拡大してきた。家父長的な文化は、その最も凡庸な表出においても欺瞞を帯びており、女性たちが実際に望んでいることとのあいだに溝ができているだけに、いっそう耐えがたいものになってしまった。

ここで想起したいのは、フランス革命というのは、貴族のくびきからの解放を目指すブルジョワの願望を実際に正当であるとしたにすぎなかったことで、貴族は腐敗して哲学的にはすでに正当性を失っていた。同じように、男性支配が本当に耐えがたいものになるために必要だったのは、長いあいだ認識されてきたにもかかわらず、日常的には守られていなかった原則を自覚することであったと言えるだろう。

ハリウッドのプロデューサー、ワインスタインは、平等を謳う近現代世界にあって、男女間の具体的な不平等を示す典型的なイメージになってしまった。なぜ特に彼であって、他にも何千人といるようなハラスメントを繰り返すことで有名な人物、たとえば国際通貨基金の元専務理事ではなかったのだろうか。

それは、ドミニク・ストロス゠カーンの場合は、夢中になってセックスを追い求める好色な男性を表わしていたにすぎないからである。有名な娼婦やコールガールたち。彼の社会環境にいる女性たち、あるいは別の環境にいる女性たち。彼の取材に来たジャーナリストたち、アシスタントたち、秘書たち、家政婦たち。彼の行く道で出会ったすべての女性たち。この種の振る舞いは、もちろん支配という文化の一部をなすものである。しかし、支配の文化の原理そのものをなしているわけではない。

これに対して、ワインスタインが求めていたのは、金に糸目をつけずにあらゆる手段を用いて、性的奉仕を買ったり受けたりすることではなかったことが、証言からわかっている。彼の性暴力はもっと過激なものだった。彼が望んでいたのは、自分のスイートルームに招待した女性たち、バスローブ姿で出迎えた女性たちが、名目上は彼女たちの売り出しや映画のキャリア形成における将来性のあるプロジェクトについて話すためということでありながら、なぜ自分が実際にそんなところにいるのかを正確に知るということであった。

彼女たちがそこにいたのは、彼に服従していることを意識するためだった。彼が楽しみたかったのは、彼女たちが自分に依存している感覚、受動的に服従している感覚そのものであった。だからこそ、彼は美辞麗句を用いた慎重さを期すことなどまったくなく、できるかぎり品のないやり方で、彼女たちに自分をマッサージし、裸になり、一緒にベッドに滑り込むよう言いつけたのである。彼は不作法を恐れなかったばかりか、わざと無作法な振る舞いをした。メディアが騒然となる前に彼をインタビューしたある女性ジャーナリストは、すでに漏れ伝わりはじめていた性暴力の告発を彼が否定しようとさえしないのに驚いたという。彼は自分の評判を喜んでいた。

女性たちの証言によれば、彼に性的に支配されたあと、屈辱を感じ、汚れたと感じ、もはや人から愛される価値さえないと感じた女性たちのなかには、何年ものあいだ彼のことを非難しなかっただけでなく、むしろ彼の注意と承認と友情を求めていた者もいたという。彼女たちは、自分自身に対して抱くことになった哀れなイメージを克服するために、危害を加えてきた男からの償いや優しさの振る舞いを待っていたのである。ワインスタインは女性の身体を用いて自分の権力を思う存分に楽しんでいた。彼が彼女たちをものにすることに成功したとき、彼は彼女たちが自分に身体を与えているのは、欲望しているからではなく、あくまでも自分に支配されることを意識的に受け入れたからであるということを知って楽しんだ。極端な話、もし彼女たちが楽しんでいたならば、それだけ彼の喜びは減じていただろう。

つまり、彼が求めていたのは、彼女たちを魅了することでも、ためらいの反応を落ち着かせることでもなかった。彼がしようとしていたのは、まったくそれとは反対のことで、どこまでも許容の限界を突き破り、劣等感を解放した下品な態度でこれ見よがしに彼女たちを辱めることであった。彼が女性の身体から味わう喜びは、自分の権力を享受する喜びから直接的に来るものであった。したがって、彼が満たしていたのは性欲というよりも権力欲であった。彼にとっては彼の意志だけが重要だったことを、彼女たちは知らなければならなかった。

問題なのは、ドン・ジュアン

ドミニク・ストロス＝カーンは、どちらかと言えばカサノヴァ型であろう。彼がしているのは、体系的《システマティック》なハラスメントである。一方、ワインスタインは、どちらかと言えばドン・ジュアン型であろう。彼がしているのは、女性の一元的《システミック》な還元である。女性は、彼のことを喜ばせるものでしかないことを意識的に受け入れなければならない。女性は自分自身を所有していないとされ、原則として喜びを味わうことができないとされる。このように女性が喜びを味わうことの否定は、身体的な割礼によって表現されることがある――それは、いくつかの人間の集団においてかつてなされていたようであるし、現在でもなされている可能性がある。しかし、女性の喜びを否定することは、象徴的・道徳的な割礼という暗黙の形では、今もなお多かれ少なかれすべての社会において存続しており、その本質はドンジュアニスムである。

ドン・ジュアンの目には、女は自分が所有すべきもの、奪い取るべきものだと映っている。狩り出し、捕まえ、さらには押し倒す獲物である。ドン・ジュアンは、自分が追いかけ捕える女性が、欲望を抱き、喜びを味わい、意志を持つ存在であると考えることを拒否している。別の言い方をすると、彼女たちが生きた存在であることを認めていない。彼女たちは、魂のない身体である。というより、彼はむしろ彼女たちの魂の存在を否定して、肉体に還元することを楽しんでいる。彼は関係の可能性を否定している。彼は自分のなかで彼女たちを堕落させては楽しんでいる。彼は女性を欲望していない。女性とセックスするだけである。だから、彼の目にも、社会の目にも、彼女たちは犯されている。彼が彼女たちを勝ち取ることになっているので、彼女たちは敗者である。彼にとって重要なのは、持つこと、所有することだけだ。彼女たちは、文字通りの意味でも、比喩的な意味でも、所有物とされるのである。用いられる言葉自体が、そのあたりの事情をよく物語っている。男が取り、女は取られる。女性は資産に還元されて、所有される。

カサノヴィスムは、たしかにこの不平等な駆け引きの結果ではある。しかし、その原因はドンジュアニスムなのである。それは男性支配の主要な原因でさえある。たとえそのいくつかの帰結が首尾よく抑止されることはあっても、男性支配は消滅していない。

ドン・ジュアンは、自分がもてあそぶ女性たちの意志の存在を否定している。まさにこの否定——私的かつ社会的な男女間の不平等な駆け引きという目に見えない原理——こそが、最終的に糾弾されているのである。もちろん、これまでも正しく狙いを定めてきた学問的な仕事やフェミニストたちの集合的行動はあったが、これほどまでの規模の平和的な反乱はかつてなかった。これまで何世紀にもわたって、不平等に対し、ガラスの天井に対し、同じ能力なのに給料に格差があることに対し、さまざまな言い訳と告発がなされてきた。女性が軍隊、科学、思想、芸術、政治、人類の歴史から排除されてきたことに対し、さまざまな言い逃れと批判がなされてきた。そして遂に、#MeToo およびそれに関連する運動は、男の核心《マル》(cœur du mâle) に触れている。このような言葉遊びを許してもらいたい。これはそれなりに意味のある言葉遊びだと思われる。というのも、何千年にもわたって文化的に構築され、自然で、生物学的で、知的で、明白なものとして通用してきた男性性《マリチュード》(mâlitude) こそが、悪《マル》(mal) だからである。ただしそれは、それ自身における悪(Mal-en-soi) として道徳の標的となるようなものではなく、病 (maladie) なのであって、そこから人間《ユマン》を癒す時期が到来しているのである。

*

#MeToo 運動は男女の不平等の核心部分に触れている。ただし、誤解してはならない。これは女性のあいだでは現在これが流行しているといった一過性の軽佻浮薄な現象ではない。また、もう「ナンパすること」や「ちょっと楽しむ」ことができなくなるとふざけてよいものではない。はたまた、告発を戯れにはじめたら、証拠もないのに糾弾する扉を開くことになると言って、その信用を貶めてよいものでもない。さらにはまた、それは (男性を豚野郎つまり獣と見なしているという点を額面通りに受け取るふりをして) 男性の名誉を傷つけることになるからと言って、糾弾すべきものでもない。

これらの偽善的な論の立て方の背後には——社会学者ピエール・ブルデューがあらゆる構造のなかで最も強力であり最も陰湿であると評した構造的偽善という意味において偽善

的である——、大きな争点が浮かびあがってくる。
政治的に正しくあること（ポリティカル・コレクトネス）とは、一部の人たちが言うように、ついに勇気を振り絞って声を上げた女性たち、とりわけ一緒に声を上げて前代未聞の規模に引きあげた女性たちの側につくことにあるのではない。証言を注意深く読んでみると、彼女たちが品位と自制心を保ち、そして責任感を持って発言している様子に打たれざるをえない。そこに感じられるのは、真実を明らかにし、乗り超えていきたいということであって、復讐の欲望は皆無である。
#MeToo運動は、インターネットが公共空間における自発的な動員の手段になりうることを示す大きな社会運動であるだけでなく、デジタル・グローバリゼーションが前代未聞のトランスナショナルな連帯の形態をもたらす可能性を示すものでもある。これは歴史的な出来事であって、超越論的主体性（subjectivité transcendantale）を普遍的に承認するプロセスの最終局面なのである。別の言い方をすると、近代のプログラムそのものの完遂がなされようとしている。すなわち、すべての人間における不可分の個人の「意志」（Volonté）の具体的な承認である。この大文字の「意志」は、あらゆる社会的条件や経済

的格差、民族的な区別、生物学的な決定に先立ち、かつ優先するものである。この普遍的な承認こそが、(人権と呼ばれる)主体的権利の基盤であり、権利における平等と自由の不可侵性の原則に意味を与えている。

インターネット上で語られている状況の多様性の背後に浮かびあがってくるのは、「女性の実存的状況」である。私がこの文章を書いている時点で、何百万件もの女性たちのツイートが投稿されている。彼女たちは、ハラスメント、屈辱、侮辱、性暴力を受けてきたという。日常茶飯事だという。例外的でも、周辺的でもない。そうではなくて、昼夜を問わず、親密な関係において、職場で、街中で、あらゆる場所においてであるという。しかし、支配の原理そのものが影響を受けることになるので、抵抗とはぐらかしもまた、より激しく、陰険である。そうしたことは、激動の時代に典型的なことでもある。

#MeTooの意味を歪める五つのやり方

一、〈#MeToo運動の意味を歪める〉第一のやり方は、明白な証拠もないのに無実の男性の生活を打ち砕くような告発には、不当なところがあるのではないかという点に焦点を当てようとするものである。――推定無罪の原則と公正な裁判の必要性を無視してよいのか。大部分の男は豚野郎ではないことを繰り返し思い出そう（そうあってほしいものだ！）。門前払いされた女性たちの復讐願望に扉を開くことになると懸念される。有名人ばかりを攻撃するような女性たちは、それによって自分が有名になりたいのであって、そうした名声に対する渇望にお墨付きを与えることになるのではないか――。

一部の人間が自分に都合よく状況を利用するのを防ぐことができないのは明らかで、それはいかなる革命においてもそうであった。極端な者たちが出現してくる可能性も否定できず、それはフランス革命においてもそうだった。だからといって、これは革命そのものに反対する議論にはならない。司法機関が告発をきちんと受け付けて、最善の仕事をするように注意を向ければよいだけの話である。それに、個人的で状況的な不正と、一般的で構造的な不正とを混同すべきではない。もし私自身がハラスメントの濡れ衣を着せられたとしたら、私はもちろんそれを不当と見なすことだろう。私を密告して陥れる女がいたとしたら、その女が偽証罪で有罪になるのを見なければ気がすまないと思うかもしれない。

だからといって、それで私の目に映る糾弾の一般的な意味そのものが損なわれることはない。問題は、正当であれ不当であれ、これまでに告発された男性、またはこれから告発される可能性のある男性の総体を大きく超えている。重要なことは、ある種の振る舞いはもはや受け入れられないということを、最終的にしっかりと慣習に根づかせることだ。そしてまた、現在でもなお一般的になされている女性についての見方を変えることだ。それに、この運動の信用を失墜させようとする試みは、この運動に批判的な者たちがツイッターのタイムラインをたどる労さえも厭う怠惰を示しているにすぎない。実際にタイムラインをたどってみるならば、個人攻撃は例外的であり、生きられた状況の告発が規範になっていることがわかるだろう。なかには無限に繰り返される暴力のために名指しで批判されている者もいるが、その数は極めて少ないのである。

*

二、二番目の抵抗の仕方は、問題に関係しているのはあくまで他人〔であって自分には関係ない〕という態度を取ることである。一部の男性は、こうして過ちを豚野郎たちだけに帰し、自分がそのような男性と一緒くたにされることを当然のように拒否する。それは個人的に性差別的な傾向を持つお勧めできない人物の問題であって、社会の問題ではないのだとされる。このように見て見ぬ振りをするという抵抗の形式は、社会全体に及んでいるかもしれない。

たとえば中国では、ハラスメントや性的不平等は西洋のみに特有の問題であると多くの人びとが大真面目に主張した。そのようなことを言うならば、中国の女子校では夫にしたがうことが第一の義務だと心のなかで繰り返し唱えるようにと教え込まれているのはどうなのだろうか。特権階級の性的スキャンダルが隠蔽されているのはどうなのだろうか。中国や韓国やインドでは女児が家庭の重荷と見られて嬰児殺しがあるというのはどうなのだろうか。しかし、アジアのほうがひどい、いや西洋のほうがもっとひどいと言い争うことが問題なのではない。もっとひどいことは、ここでもあそこでも、いつの時代にも見つけることができる。これもまた、問題がいたるところにあることから目を逸らすためのもうひとつのやり方であり、フランスにおいても見ることができる。メディアを活躍の舞台にしているある哲学者は、このようなセクハラ談義は、イスラーム主義がヴォルテールの国に忍び込んでいるという本当の問題を覆い隠しているとまで主張した。いつでも悪いのはもちろん他者であって、私たちよきフランス人であるはずがない、というわけだ。ムスリム神学者タリク・ラマダンの性行為に対する糾弾に続いて、二〇一七年一一月下旬にはフランス全体で途方もない議論が巻き起こったが、それはライシテ〔世俗主義〕による抑止力が不十分であることについて、イスラームにおける性の不平等やヴェールについて、さらにはテロリズムについての議論だった。このようなやり方は、提起された問題を素通りしてやり過ごすのに都合がよい。試験であれば本題を外れていると見なされ、低い評価しか与えられない類の答案である。しかしそうして人びとは、告発された者たちの大部分がイスラームとはまったく無関係であることを忘れたふりをした。たとえば、告発された人びとのなかには、颯爽とした非常にカリスマ性のあるフランス社会党青年部の元部長もいた。*2

イギリスでは、閣僚や議員が辞任している。アメリカでは、実業家や企業経営者、テレビの人気司会者やプロデューサーが解雇されている。フランスでは何もない。あっても非常に少ない。英仏海峡の向こう、そして大西洋の向こうでは、辞職の数は膨れあがっているのに、フランスではその数は片手の指で数えられる程度である。——すべてはうまくいっていて、問題なんかない。おそらくそれはムスリムの問題、アラブ人の問題なのであって、おそらくはロマの人びとも少しはいるのかもしれないが、確実に移民の話である。最悪の場合は、ひょっとしたらそこにアメリカ人も入ってくるのかもしれないが——。その結果、集合的な良心の糾明はまったくなされなかったのである。

また、もし「私たち」がフランスのムスリム女性をどう見ているのかという問題についてじっくりと考えるならば、ヘッドスカーフをめぐる常軌を逸した強迫観念も、男性優位の思考態度に関係していると言わざるをえない。そして男性優位の考え方は、必ずしも「危険な」ムスリムの側だけにあるものではない。「水をかけられた散水夫」を思い出したい〔相手を貶めることが自分にブーメランのように跳ね返ってくること。要するに自業自得〕。純粋なライシテ主義者を自任する者たちの多くは、女性が敬虔な気持ちから、あるいは美的な選択からヴェールを被りたいと意志することができるとは、まったく想像することができない。これ見よがしで非常に目立つムスリム男性のチュニック（長衣）や鬚が、ヴェール論争のような感情の高ぶりをこれまで引き起こしたことがないのは奇妙である。ムスリム女性たちの自由の権利要求や説明は、十分な説得力を持つところまではいかない――彼女たちの大部分は独身で〈自立しており〉、なかには大学に通う者もいるにもかかわらず。たとえ彼女たちが自分自身で自分の身を守っているのだとしても、父親や兄弟や夫や男性指導者から強要されているのだろうと思われてしまう。結局、所詮は女と見られているのであって、自律した意志を持っているとは認められていないのである。私たちの主題はここにある。

＊

三、他の差別を撤廃するために闘っている活動家たちから #MeToo 運動は低く評価される可能性がある。そのような人たちにしてみれば、私たちが相手にしているのは、甘やかされた子どもたちの反乱のようなものである。白人で、裕福で、有名な女性たちによる反乱ということのようである。いずれにせよ、彼女たちはその声を聞いてもらえる程度には十分に特権的な地位にあるというわけだ。ゲットーのアフリカ系アメリカ人女性は、きっと蚊帳の外におかれるだろう。女性として、貧乏人として、黒人として、三重の差別を受けている彼女たちは、他にもやるべき仕事があって忙しいのであると。たしかに、運動は自己防衛する能力を備えた女性たちからはじまった。この場合は映画のスターたちである。大きな革命は、しばしば被支配者たちのなかの支配的な者たちの反乱からはじまる。女性のスターとは、スターとしては支配的な地位にあるが、女性としては支配される側の地位にある。そして連鎖反応のなかで、被支配者たちのなかの被支配者たちも次第に声を上げていく。運動が特権的な地位にある者だけに関係する形ではじまったことを理由として、その運動の信用を失わせることはできない。

　とはいうものの、運動はよい問題を立てて社会の基礎を問わなければならないということも事実である。本書の存在理由は、#MeTooが偶然の状況が重なった出来事でもなければ、すぐに忘れ去られるべきアクチュアリティでもないことを示すことにある。この運動は、女性の実存的「状況」に対する最も公正で、繊細で、鋭敏で、根本的な集合的批判のひとつのはじまりであって、それは人類の最も原始的《アルカイック》で原型的《アルケティップ》な基盤を問い直すものである。

　しかしながら、よい問いを立てるだけでは十分ではない。社会を動かすには、広く人びとに受け入れられ、開かれたものでもなければならない。そして#MeToo運動は、まさにこの条件に合致する事例なのである。

特権階級ではない社会階層においても、ますます多くの女性たちが、これは自分たちにも関係がある問題なのだと感じるようになっている。彼女たちは、もはやSNSで表現することをためらわない。私がこの文章を書いている時点でも、自動車会社のフォードでは、多くの女性がセクハラ被害に対して立ち上がった。それだけでなく、彼女たちがあまりにも普通の女性で、ただの従業員で、匿名の労働者であるためか、その訴えに反響が少ないことに対しても抗議の声を上げている。彼女たちの言葉は、ついに「ニューヨーク・タイムズ」にまで届いた。[*3] ウェブ上のSNSは前代未聞の言論の自由をもたらしているが、#MeTooはそれを通しての運動であり、差別と不平等が幾重にも折り重なるインターセクショナリティの状態を考察するのに適している。つまり、声を上げる女性たちは、女性であるだけでなく、黒人でもあったり、レズビアンでもあったり、無職でもあったり、移民でもあったりする。#MeTooの生みの親がアフリカ系アメリカ人であったことを想起したい。「タイム」誌は、二〇一七年の「今年の人」として、沈黙を破ったすべての女性たちをあげている。表紙にはっきりと見えるのは五人の女性である。たしかにスターは複数いるが、ロビー活動家、エンジニア、農業従事者の女性がひとりずついる。そして肘が写っているのを忘れてはいけない。[*4] 持ち主の顔は枠の外にあって見えないが、この顔のない肘は他のすべての女性を代表しているのである。

付言しておきたいのは、この運動は波及効果を及ぼす運動であって、性的な選択(choix sexuels)(自分が生きたい性を自由に生きること)と性化された選択(choix sexués)(自分に合致する性的アイデンティティにおいて承認されること)に関係する差別全体の批判に有益だということである。というのも、#MeToo を通して、また状況の多様性を超えて、提起されている問題は――繰り返しになるが――すべての人間の意志の十全かつ完全な承認という問題だからである。

*

四、問題をはぐらかす四番目の方法は、道徳的な再武装によって問題を解決しようとするものである。曰く、あまりにも猥雑な行動は取り締まるべきである。乱交とは闘うべきである。私たちの堕落した社会において、性は凡庸化されすぎてしまった。結婚の神聖な絆はもはや尊重されなくなってしまった。一九七〇年代以降、ピルや中絶が一般化して、もはや何もうまくいかなくなってしまったと。

このようにネオ・ピューリタン的な方向に議論を横滑りさせてしまうと、男性は男性、女性は女性という新たな分断に容易に行き着いてしまうように感じられる。特にアングロ＝サクソンの世界では、アメリカ合衆国を筆頭に、男女を分離する文化が一般化しており、男性限定のボーイズ・ナイトや女性限定のガールズ・ナイトがあり、さまざまな禁止が設けられ、親密な振る舞いがあれば裁判に訴えられたりする。この傾向は、非常に宗教的な社会においてはさらに強いことは明らかで、「私たちは女性をハラスメントやレイプから守りたいからこそ、私たちの女性をヴェールで覆い、男性たちから切り離しているのだ」という類の主張がなされている。最もリベラルと言われる社会でも、性別に基づくアパルトヘイト計画から免れているわけではない。ドイツの大手鉄道会社は二〇一六年二月に女性専用車両を設けることを提唱している。このような女性専用車両は日本では二〇〇一年からすでに存在する。[*5] 女性を保護すると主張することは問題の解決にはならず、むしろ差別的な偏見を助長し強化する。女性たちが求めているのは、男性に守られることではなく——彼女たちはそのことが自分たちの自由にどのような制約をもたらすことになるかをよく知っている——、条件なしで尊重されることなのである。

＊

五、他方、このようなピューリタン的な逸脱を懸念する者たちもいる。これが #MeToo 運動を中傷する五番目のやり方である。連続強姦魔と、飲み会の終わりに女の子のお尻をちょっと触るような無礼で厚かましい男を一緒くたにしていいのか、というわけである。このような批判をする男女によれば、ハラスメントに対して立ち上がる女性たちは恋の戯れを禁止しようとしているが、誘惑の技術は必然的にきわどい言葉で装飾されることになるし、それは人生に刺激を与えてくれるものなのだという。

このような人たちは、気のよい愉快な人間と見なされがちだが、しばしば無意識的な女性蔑視主義者なのであって、男女の隔離を主張しピューリタン的な矯正を説く者たちと同じくらい重大な誤りを犯している。問題は、地下鉄車内での不適切な振る舞い、ナイトクラブの出口でのきわどい発言、職場での日常的なハラスメント、性的関係の強要を混同することにあるのではない。これらの行為はもちろん序列化されなければならない。ただし、これらの相対的な深刻さをひとまず括弧に入れるならば、これらはどれもある種の振る舞いに該当し、すべて男性が女性を支配する構造のなかに位置している。

今日反乱を起こしている女性たちは、実名告発された少数の男性を超えた地点において狙いを定めているのはこの構造であることを意識している。数々の具体的な状況の多様性から、女性たちが置かれている「状況」の実態が浮かびあがってくる。彼女たちの証言は、性的自由の抑制を奨励するものではまったくない。それどころか、むしろ性的自由の拡張を主張さえしている。ただし、それは互恵的な関係においてである。そのような関係がすべてを変えるのである。人は他人の自由を犠牲にして自分が自由であることはできない。女優のカトリーヌ・ドヌーヴや作家のカトリーヌ・ミエをはじめ、一〇〇人の女性たちが署名した二〇一八年一月九日付の「ル・モンド」に掲載された記事は、驚くべき無知を物語っている。私が思うに、ピューリタン的な逆行を懸念する署名者たちは、#MeTooについて実際に書かれていることをきちんと読んでいない。さらに、彼女たちは、執拗な迷惑と真の恋の戯れを混同している。前者は相手の同意を尊重しないが、後者は逆に同意を求め、しかも同意を得ることに喜びを覚える。本当の恋の駆け引きの魅力はここにある。

＊

ツイッターで発言した女性たちには、男性たちの力を弱めようとするつもりはないし、お互いに望んでいるものを禁じるつもりはさらさらない。彼女たちは、女性専用車両を求めているわけではない。彼女たちは、合意の上であれば、いかなる行為であれ、それをそれ自体において罪に問おうとしているのではない。わからないふりをするのはやめよう。問題は、フェラチオや、クンニや、その他の性的プレイなのではない。「ナンパする」こと、女性につきまとうこと、テーブルの下で密かに相手を撫でること、冷やかすこと、誘惑すること、求愛のセレナーデを歌うことが問題なのでもない。これらの反抗する女性たちにとって、セックスはまったく汚れたものではない。女性の不純さに怯えて勿体ぶる修道士や、女性を汚す欲求で興奮しているマッチョなナンパ師が思っているかもしれないこことはちょうど反対に。

性的解放と言えば、六八年世代が伝えた熱狂やピルの普及を連想するかもしれないが、その後数十年にわたってその恩恵を享受してきたのは、女性よりも男性のほうであったことを認識しなければならない。ある生き物が子羊と見なされ続けるかぎり、その行動範囲の拡大によって得をするのは狼のほうである。具体的な平等のない自由を謳いあげても意味がない。

しかし、二〇〇〇年代に入ってから状況が変わってきた。経済的に自立し、性の自由を公然と引き受ける女性たちが、かなり増えてきたからである。彼女たちは——恋の戯れと捕食を無邪気とは言えない形で混同している者たちが信じるふりをしているのとは違って——、誘惑の駆け引きを拒否しているわけではない。彼女たちはただ、男性たちがするのと同じように、それを楽しみたいだけなのだ。彼女たちが拒否しているのは、気分次第、欲望次第、状況次第でちやほやされたり、拒否されたり、むさぼり食われたりすることにいつでも準備ができているおとなしい雌の子羊であり続けることなのである。彼女たちが望んでいるのは、すべての親密で社交的な駆け引き——それは性的なものでもある——

に、積極的に、具体的に、完全に、そして平等に参加して、人間的な生活を満たすことである。そう、彼女たちは参加したいのである。世界の生活に参加すること。昼の時間であろうと夜の時間であろうと。歩く道を変えたりする必要なく。下を向いたりすることなく。彼女たちは、心の底からの叫びをあげて、真の平等を、ようやく実現される具体的な普遍性を、潜在的な近代性（modernité en puissance）から現勢的な近代性（modernité en acte）への移行を求めているのである。

同意の超越論的価値

グロテスクなものから醜悪なものまで、#MeToo に関するさまざまな場面についてここまで述べてきたが、それらを超えて問われているのは、女性の「存在」についての問題にほかならない。アメリカ先住民の存在論的地位をめぐるバリャドリッド論争[*6]との類似は驚くばかりである。原則的には全人類に対して呼びかけるものとされているカトリックの教義においては問題とはならないはずであるにもかかわらず（そもそもヨーロッパのキリスト教徒が望んでいたのは全人類に福音を広めることであった）、一六世紀半ばには非白人である野生人《ソヴァージュ》が魂を持っていると承認するのは困難であった。先住民が十全で完全な魂を持っていると認めることは、事実上、彼らを意のままに使い倒すことのできる受動的な物質として扱うことを禁じることを意味していた。彼らの魂を否定することは、彼らを所有し、ものとして用いる認可を自分自身に与えることだった。論争の中心人物たちは、キリスト教徒としての一貫性を保つために別のことに関心があるようなふりをし、たとえばアメリカ先住民の儀式や血の生け贄の残酷さについて議論した。たしかにそのような儀式は衝撃的なもので、禁止すべきものではあったが、そうした話題を取りあげることは、彼らの存在が劣っているというイメージを間接的に与えることになった。けれども本当の争点は、彼らがもし「私たちの魂」に相当する魂を所有しているとしたら、それに付随するすべての恩恵を彼らに与えるべきか否かという点にあったのである。

あらゆる論争において、自分の利害関心や原則を守る論争家がいる。あるいは、原則の下に利害関心が隠されていることもある。今日、私たちは、一方では、苦しんでいる女性たちを見ている。もう二一世紀だというのに、彼女たちが語る事実があるのに、いまだ彼女たちの意志の価値が否定される可能性がある。もう一方で、一見善意を持っているように見える男性（および女性）たちが、先験的《アプリオリ》に議論の余地のない超越論的価値を女性の側の同意に与えることを、いまなお拒んでいる。つまり、彼女たちに真の「意志」を、「主体性」を、とどのつまりは十全たる「人間性」を与えることを拒んでいる。実際、一八世紀の啓蒙主義哲学以来、「人間」（l'Homme）を人類にするのは、もはや個人の魂だけではなく、各人の超越論的主体性でもある。それは、すべての人間のなかにある「内感の能力」という自律的に考える力を承認することである。[*7]「意志」とは本来的に（物質的原因がない）自発的なものであって、[*8]この純粋な「主体」を特徴づけており、受動性（世界の諸条件）に還元することはできない。政治的には、この主体は「他のすべての者と平等」ということになる。[*9]

この自由な「主体」の原則から出発して、哲学者イマニュエル・カント以上に近代のプログラムを見事に定義することができた者はいない。それはすべての人間に「他人に指示されることなく自分自身の悟性を用いる」能力を承認することである。[*10]ここから近代民主主義の意味が生じてくる。#MeToo が開いた女性の同意をめぐる論争は、彼女たちがこの美しいプログラムから今でも遠ざけられていることをはっきりと浮かびあがらせている。公式的には、人びとは彼女たちの「意志」を否定していないと主張するが、それはいまや法に組み込まれている普遍主義的な原則との整合性を保つためで、実際には曖昧な振る舞いを続けている。まるで、一人の女性が女性として、自分が望むものを完全には表現することができないかのように。その代わりに、女たちは愛想を振りまき、挑発し、誘惑するものだとされる。あたかも一人の女性の意志はいつでもどこか欠けていて、不完全であるかのように。彼女たち当人がいやと言っているように見えても、それは本当のいやではないというのが、ハリウッド・ウエスタンの鉄則である。ジョン・ウエイン[*11]が、彼のなすがままに抱かれるのがいやで拒む女性を平手打ちし、その力強い腕に抱き込むのは当然なのだ。なぜなら、強情な女が自分ではそう望んでいるとは知らずに、心の奥底では望んでいたのは、まさにこのように「英雄に捕らえられること」であったからだ。男は女が本当に望んでいることを当人よりもよく知っている。それゆえ、男は当然のように自分の意志を自分が手に入れたい女の意志にすり替えることができてしまう。女性の意志は、いつでもどこかまがい物とされてしまうのである。

白馬の王子の神話が意味していること

怪物ワインスタインが犯したのは、純粋かつ明白なレイプである。それは否定されるべきことだが、肯定的なヴァージョンも存在していて、百戦錬磨の誘惑者はみな自分のことを、眠れる森の美女にキスをする王子と見なしているところがある。このように盗まれたキスは、完全には盗まれたキスというわけではない。地下鉄の満員電車の車内で尻を触る手が、完全には不作法とは見なされないことがあるのと同じように。というのも、女性はいつもどこかまどろんでいて、キスされたり、触られたり、自分でまだ知らない欲望に目覚めたりすることを待ち構えているからである。もし、彼女が叫び声を上げるとしたら――彼女は「襲われる！」と叫ぶかもしれない――、彼女は自分が何を望んでいるのかをまだ意識していないのにちがいない。

眠れる森の美女の寓話は問題の核心に迫っている。この物語は、か弱く、繊細で、受動的な女性のイメージを与えている。彼女は眠りに落ちながら、それと知らずに白馬の王子を待っている。実に一〇〇年ものあいだである。そうした永遠に匹敵する期間のあとに、抱擁がやってくる。白雪姫やシンデレラと同じように、眠れる森の美女も内在的な価値は持たない。価値は王族のように振る舞う男性が外側から与えてくれるものである。王子の愛の側には意志がある。これに対し、気の毒な女、掃除仕事で汚れた女、自分を紡ぎ車で刺してしまう過敏な女の愛は、完全に受動的なものだ。男は女のことを愛している。一方、女は恋に落ちることに満足している。文字通り、彼女を摑み、抱えあげる男性の腕に落ちるのである。男は活躍する。彼女を摑む。女は満たされる。男が女を満たす。女は受動的で、情熱に身を焦がし、委ねる。それでもシンデレラと白雪姫の神話は、社交の範囲に収まる話であると言える。暗に示唆されているのは、未来のお姫様は、彼女に熱いまなざしを向ける男性と出会うまでは、搾取される資本でしかなかったことである。そこで王子は、彼の振る舞いによって、キスによって、力で奪うことによって、彼女を腕に抱えて群衆の目の前を通ることによって、人が羨むような地位を彼女に与える。このようにして女性は、キスの魔法と男性の腕の強さによって、王族の地位に引き上げられるのである。

眠れる森の美女の神話は〔通常の社交の範囲を逸脱して〕もっと遠くまで行く。特にジャンバティスタ・バジーレのオリジナル版ではそうである。これは一七世紀初頭に出たもので、「日と月とターリア」と題されている。このオリジナル版自体が民話に由来しており、それは一四世紀前半にまでさかのぼる。そこにはまだ、シャルル・ペローやグリム兄弟がのちに施したような緩和した脚色は見られない。語られるのは、狩りをしに森の奥深くに分け入った王の冒険であり、王は人里離れた館のなかでひとりぼっちで眠っている姫を発見する。これがターリア姫である。王は彼女を愛するようになるが早いか、寝ている彼女を犯すのである。男の正当な欲求の対象、必要な満足の対象であるところの美しい女は、完全に受動的で（眠っているのである）、行為の最中も行為のあとも目を覚ますことはない。彼女は痛みも喜びも感じない。彼女は妊娠し、九ケ月後に出産することになるが、それでも昏睡状態のままである。彼女の子どもが乳を飲もうと吸ったところ、眠りをもたらすとげが引き抜かれて、ようやく目を覚ました彼女は、自分の子どもがそこにいるのに気づいてうっとりとする。レイプは祝別なのである。レイプによって、彼女は彼女の本当の生に目覚めることができた。何よりも母親になることができた。姫は自分の純潔《アンテグリテ》が損なわれたとは考えていない。レイプされたのは運がよかった。それに、ターリアの意志の有無は問われていないのだから、これは本当の意味でのレイプではない。彼女が性行為に同意しなかったかもしれないという考えは、寓話の論理においては意味をなさない。この物語の教訓は驚くべきもので、ついている者には寝ているあいだにもよいことがやってくるというのである。

資産として重要な女性

一九七〇年代に女性解放運動（MLF）のメンバーが唱えた「私の体は私のもの」というスローガンは、中絶の議論だけに関係しているわけではない。フランスで起きた激しい論争は、人工妊娠中絶を合法化する一九七五年の法律〔ヴェイユ法〕が制定されるまで続いたが、この有名なフェミニストの言明に込められていたより深い人間学的な意味は、背景に追いやられてしまった。実際、少なくとも三万年このかた、あらゆる社会において、女性の身体は資産として男性によって交換され、蓄積され、搾取されてきた。たしかに#MeToo運動は騒然とした雰囲気という印象があるかもしれないが、別に女性たちはここぞとばかりに復讐することに熱中しているわけではなく、自分たちの身体に宛てがわれた資本主義的な地位の存続に異議を申し立てている。#MeToo運動は、物事を認識し（現実を意識すること）、自己を乗り超え、衝撃からの立ち直り《レジリアンス》を目指す集合的な活動なのである。それはまた、声なき声として多くの人びとの意見が一致する密かな訴えでもあり、MLFのスローガンはそれを完璧に要約している。女性の身体は、それを奪い取る者に属する資本ではない。断じてない。それは「意志」を持った自律的な主体に属しているのである。

人類学者のマーシャル・サーリンズは、資本主義の起源のひとつは――それはマルクスが言うようにブルジョワ社会の到来までしかさかのぼれないものではなく、新石器時代までにさかのぼることができる――、男性による女性の身体の資本化であると論じている。女性の蓄積によって、自分を重要人物に見せたい「大物《ビッグマン》」は、自分の生産能力を増大させる。[*12] 石器時代の狩猟採集民が非暴力的なある種の豊かさのなかで生活していたと思われることと、これは好対照をなしている。

とはいえ、未開の経済を求めてフィジーやハワイで現地調査を行なったサーリンズの見方には、やや牧歌的なところがあるように思われる。マーガレット・ミードの見方も同じく牧歌的で、彼女は一九三〇年代に太平洋のもうひとつの島サモアを調査したが[*13]、そこではほとんど全面的な女性たちの性的な放縦が支配していたと述べている。ミードの議論は、今日では無効とされている。そして今日私たちは、最も原始的な時代以来、女性たちは崇高な活動から排除されてきたことを知っている。旧石器時代の女たちは、採集を担当しており、それは集団の食料の重要な部分を提供する活動であったが、必ずしも高く評価されていなかった。これに対し、男たちは狩猟に出かけ、この活動がもたらす食料供給量はむしろ少なく、不安定なところがあったにもかかわらず、非常に高く評価されていた。女性の経済的貢献度は高かったのに、地位は低かったのである。つまり、男たちは女たちに養われながら踏みつけて生きていた。こうした詐欺はまさしく富の横領であって、クリスティーヌ・デルフィーが家父長的政治経済（économie politique patriarcale）と呼ぶものの起源にある[*14]。

*

これを機に、執拗なフィクションとは手を切ることにしよう。女性たちが支配する母系社会が存在するだとか、あるいはたんに平等な社会が存在するといったフィクションとは。論者のなかには、狩猟採集社会は三〇ほど今日まで存続していて、それはジャン＝ジャック・ルソーが夢見た自然状態に近いと仮定している者もいる。ところで、イロクォイ族のように女性が最も特権を持っている社会でさえ、男性は自分たちのほうが優れていると考えていた。男たちが狩猟と戦争で時間を過ごしていたとき、女たちは閉じ込められて縁の下《サバルタン》で支える仕事をしていた[*15]。しばしば混同されるが、母権社会と母系社会は別のものである。母権社会はフィクションであり、母系社会とはユダヤ教、ムブティ族などのピグミー、インディアンのジバロス族、あるいはイロクォイ族のように、母方から名前が受け継がれる社会のことである。たしかに、これらの社会では、女性の状況はより好ましいとは言えるが、平等であると言うには程遠い[*16]。同様の連想から、ひとりの女性が複数の男性と結婚する一妻多夫制の実践が引き合いに出されることがある。いくつかの社会では一般的であることから、女性の自由が点在しているという主張の根拠にされることがある。しかし、クセノフォンが指摘したスパルタにせよ、人類学者のピエール・クラストルが研究したパラグアイのグアヤキ族インディオにせよ、あるいはチベットのいくつかの集団にせよ、そこでも女性たちは同じく支配される側にあると言わざるをえない。唯一の違いがあるとすれば、そこでは複数の男性が共同でひとりの女性を所有する、という点である。

*

石器時代の理想像にしがみつくのはやめて、もし女たちがこのように早い段階から価値が低いとされる家庭的な仕事を強いられていたとするならば、彼女たちが家事使用人になったのは新石器時代革命からであるように思われる。それは男が自由に使えるもの、そこから威信と権力を引き出すことができるものである。女たちを積み上げるようにして集めることが、男たちの威信を高める。部族の長は——最も「重要」な男たちをしたがえて——できるかぎり多くの女という「家畜」を資本として蓄える。そこから、余剰金、生産性、物質的蓄積を求めることがはじまる。その目的は、女たちを養い、別の男たちから保護することである。そうして農業、畜産、奴隷制がもたらされたのであろう。経済的不平等、不満の増大、慢性的な暴力が生じ、そのような暴力を鎮圧するための自律的な武力を備えた政治制度が必要とされたのであろう。

いくら戯画的であろうと、このように女性たちを男性の威信を増大させるものに還元することと、（より不公正で暴力的な社会における）家父長的経済の発生とのあいだに相関関係があることは、現在の私たちの状況を理解するうえで示唆的である。それは、たとえばハーレムという発想がアラブや東洋やイスラームに特有のものではないことを理解させてくれる。現在、一夫多妻制が世界のなかで最も広く実践されているのは、サハラ以南のアフリカである。世界三大一夫多妻制国のひとつであるチャドでは、一夫多妻率はいかなるアラブの国よりもはるかに高い。チャドでは、複数の妻を持つカトリックの数はムスリムよりもずっと多いのである。*17

女性の値段

所有している女性の数——あるいは結婚している女性の数でも構わない、それは最近まで同じことを意味していた——で男性の地位を測ることは、ほとんどすべての文化において実践されてきたことである。利用可能な労働力としての女性の身体は、何よりもまず資産なのであって、手に入れ、見せびらかし、搾取し、交換するためのものである。一八世紀には、黒人の成人女性や若い娘たちは白人向けの性奴隷（情婦《ファンシーズ》）として、畑仕事をする男性の五倍の値段で売られることもあった。

女性たちを性的に（彼女たちの身体から喜びを引き出す）、また労働の観点から（家を綺麗に保つ）、そして象徴的に（社会で賞賛される）享受すること。彼女たちは、子どもを産む配偶者（母）として、男性を引き立てるトロフィーワイフとして、愛人として、売春婦として、家の手入れをする奴隷として（要するに家政婦のこと――現在でも家政夫は珍しい）、性奴隷として、養育係（乳母）として、料理人としての役割を果たしている。女性たちは、家計が苦しいときには複数の役割をかけ持ちし（子どもを産む配偶者とトロフィーワイフと養育係を兼ねる）、家計にゆとりがあるときには唯一の役割に閉じ込められる（愛人かトロフィーワイフか子どもを産む役のいずれか）。あらゆる投資と同じように、女性たちをよい状態で保持しなければならない。それは手入れをしなければならない装身具である。飾り立て、宝石をはめ、化粧をし、豪華なドレスを着させ、さらには今日であれば高価な外科手術の力を借りて変身させなければならない。古代ギリシアにおいては、女性たちは、政治的生活〔アゴラという公共空間で自分の意見を述べて都市国家の運命に参加する権利〕や市民的生活〔所有権〕から排除されていたばかりでなく、最も崇高な愛の生活にもあずかれない可能性があった。青年男子の身体とは反対に、彼女たちの身体は子どもを産む機能に結びつけられすぎており、真の愛に必要な無償の感情を味わい、味わうようにさせるには、不適当であると見なされていた。たとえ女性が「オイキア」〔家〕という料理と子作りの場に閉じ込められることなく、その美しさが称賛されることがあったとしても、それは彼女が素晴らしく受動的であることが称賛されたのである。おそらくはかぎりなく貴重なものだが、絵画に比すべき所有物のようなもの。資産は享受しない。それは享受の対象である。女性が技芸を学ぶ機会を得ることができたとしても、それはやはり男性の楽しみのためである。日本のゲイシャのように。

中世の女性奴隷は、領主と結婚するわけではなくても、同じ身分の将来の夫が彼女の肉体を楽しむことができるようになるまでは、その領主に対して処女性の義務を負っていた。この初夜権〔封建時代の領主が臣下の新婦に対して持っていた〕は、二〇世紀に至るまで暗黙のうちに新しい形態で実践され続けてきた。医師――特に医長――は看護師と。航空機のパイロットはスチュワーデスと。雇用主は秘書と。政治家は協力者の女性と。プロデューサーは女優と。男性は地位を提供し、女性は肉体を提供する。あらゆる資産と同じように、女性は査定することが可能である。美しさ、容姿、顔色、洗練された教育が女性の値段を決める。

より稀有なものほどより高価なのは明らかである。処女性の重要性もそこから来ている。

このような考えにおいては、処女性はより完全な所有を保証するものになる。女性の身体は、「使用」によって価値が低下する交換可能な財として現われる。一度も挿入されたことのない身体は、完全に新しいものと見なされる。処女であることは、もはやかつてのように社会から求められる必須の条件ではないが、処女性のファンタジーが終焉を迎えたとは思えない。今日では何千人もの若い女の子たちが、インターネット上で最初の性的関係に値段をつけていて、その金額は数百万ドルにのぼることもあるようだ。女が男と寝るのは、貞操を失うこととされる。これとは反対に、男の貞操は傷つかない。むしろ男の魅力が増すことになる。そもそも、男性の童貞には何の価値もない。男は童貞を捨てる（「童貞」扱いされるのは不名誉なことである）のに対し、女性は処女を失うという言い方がなされる。風俗通いは、若い男子の教育の一環となりうる。女子に興味のない男子は心配される。これとは逆に、男子をじろじろと見る女子は淫らと嫌疑をかけられる。つまり、自分の価値を下げてしまうおそれがある。今日でも、自分の前に多くの恋人との遍歴を重ねてきた女性は敬遠したいという男性は珍しくない。付き合っている最中なのに、過去を蒸し返して嫉妬に駆られる男性もいる——この女は、自分で自分の価値を下げることをしてきたのだ。身持ちが固くないのだろう。簡単に落ちる女なのかもしれない——。自分の価値を確かめるために、相手である女性の性的遍歴を根掘り葉掘り問いただす男性の反応は、完全に資本主義的なものである。

　このような「使用による磨耗」という考え方に「自然による磨耗」、つまり女性の価値は加齢とともに下がるという見方が加わる。年老いた億万長者の男性が若くてセクシーな女の子を連れて歩いているのは今日でもよく見かける。逆の組み合わせは、可能にはなったとはいえ、はるかに珍しい。完璧なプロポーションの若々しい女性たちが、広告ポスターにその姿態をさらしている。まるで店のショーウィンドウに飾られて、販売されて、消費されるものであるかのように。女性の身体は現在でも贅沢品のイメージで表象されているのである。

「女子無料」は女性優遇なのか

なぜ一部のナイトクラブでは「女子無料」なのだろうか。それは彼女たちの人間性を尊重しているからではなく、若い女性の存在がその場所を魅力的なものにしてくれるからである。男性がいまだに女性のことをパッケージ化された贈物と見なし、競い合って奪おうとするのが一般的であるとするならば、女性はこのゲームを内面化してしまったと言えるだろう。女性たちは、自分の肉体は享楽の対象であって交渉に使えると認識している。アメリカ式のデートのルールには、この駆け引きが反映されている。女性は、パートナーとなるかもしれない男性の目に映る自分の価値を下げないためには、相手を待たせておいたほうが自分の得になることを知っている。たとえそれが自分自身の欲望を否定したり、先延ばしにしたりすることになるとしても。すべてはあたかも彼女自身の楽しみが考慮に入れられていないかのように進行する。セックスをすることは、自分の身体を相手に委ねることを意味する。女性は自分がそこから引き出すことのできる喜びを、二次的なものと想定せざるをえない。こうして女性は自分のことを、自分が楽しむ身体としてではなく、相手が楽しむ身体として見ることになる。

逆に男性の頭のなかにあるのは、ほとんどの場合、競争と勝利とトロフィーだけである。翌日に友人たちにあの女を「ものにした」と言うことができる快感は、行為そのものよりも強烈である。ここでもまた、最初に来るのは女性の身体を楽しむことではなく、それを所有物にしたことによる名声である。いかなる女性も、自分たちの性に関係する男性の基本用語が否定的なものであることを無視するわけにはいかない。彼女たちは、ひっかけられ、騙され、ものにされ、「馬鹿な女」や「淫乱女」にされる。

＊

このような女性の身体についての資本主義的な見方は、現代文学にもはっきりと現われている。文学は彼女たちのいわゆる途方もない力を入念に描いている。ジュリアン・グラックの小説『アルゴールの城にて』のヒロインである美しいハイデは、「眠れる森の美女」ほど存在していないわけではないが、彼女のアルベールへの愛の高まりが意味しているのは「天使のような信従と信頼である――まるで完全に従属した女奴隷のように。彼女は、ことごとく彼に捧げ切ったひとつの肉体のさまざまな宝物を、彼に向かって祈りのようにして持ち上げるのだった」[18]。語り手によると――そして語り手はつねに正しい――彼女は彼を愛していたので、彼女は「彼に完全に自分の身を捧げ、この相手から彼女は一秒ごとに自分の寿命を延ばす奇蹟を引き出した」[19]。では、恋人のアルベールのほうは彼女に何を見ているのだろうか。「この投げ出された輝くばかりの肉体を手に入れること」のほかに何を見ているのだろうか[20]。彼女は「不動の美しさ」である。彼女は彼に「彼女自身を贈り物として」与える。彼女は「完全に彼の慈悲に委ねられている」。彼女自身の欲望についての暗示はひとつもない。ましてや、彼女の同意についてはまったく触れられていない。

男らしさは女性によって伝達される

女性がこのように動産みたいに扱われることがほとんど本能的に続けられるかぎり、いかなる法律も女性に男性の権利と本当の意味で平等な権利を与えることには成功しないだろう。「動産については占有が権原に相当する」という〔フランス〕民法〔二二七六条一項〕の原則が、暗黙のうちに適用され続けることになるだろう。はっきり言ってしまおう。女性——居場所を移され次々と人の手に渡る女性——は、彼女を捕らえた男性に所属するのである。王子は姫を選び、腕に抱いて運び去る。その姫は、事実上彼のものになる。彼女は彼女の肉体を与え、彼は彼女に社会的地位を与える。邪魔が入ることはある。しかし、彼が彼女を奪い取り持ち去る瞬間から、物事は決まったも同然である。それが揉めごとを引き起こすことになるとしても、彼女はその当事者とはされない。

そのことは絶世の美女ヘレネーの場合を見ればよくわかる。彼女の本質的な資質とは、地上の女性のなかで最も美しいことである。そのヘレネー自身は、ゼウスが彼女の母であるレダのもとを訪れて交わったことの結果として生まれた。レダは、テュンダレオス（スパルタ王）の妻だった。神のレイプが、完璧な女性を生み出したのである。この絶対的な美は羨望の的となった。結婚したのはギリシア王メネラオスであった。最初に彼女を獲得したのはメネラオスだが、その後彼女を奪い、自分のものとしたのはトロイアの王子パリスである。ヘレネーの望み、彼女自身の好みはどうなのかと言えば、その点は重視されていない。ギリシア全体――もちろん男性たちのギリシア、英雄たちのギリシアであって、英雄とは語源的には男らしい存在を意味する――がアガメムノンに率いられてトロイアとの戦争に突入するが、その目的はヘレネーを奪い返すためである。ある所有者から別の所有者へと渡り歩く彼女は、ひとりの男とひとつの国家が所有を望むことができるもののなかで、最も素晴らしい財産なのである。ローマの建国の基礎にも、誘拐の物語がある。ロムルスと彼に従う兵士たちは、将来の国家の人口を増やすために女たちを奪う必要があった。そこで彼らは近隣のサビニ族の女たちを略奪した。サビニの女たちの集団拉致は、ローマの起源にある大いなる勇気の行為として称えられている。トロイア戦争においても、ローマの建国においても、女性を所有することで国家全体が男らしいものになっている。

事実上、女性は勝利を収めた人びとに属してきた。多くの場合は奴隷として。ときには妻として。今日でも、女性たちは戦利品と見なされることがある。レイプは武器にもなりうる。一九八九年から二〇〇三年まで内戦が続いたリベリアの一部の地域では、その地域に住む女性の九割がレイプされた経験を持つと報告されている。相手の妻をレイプすること――所有すること――によって敵に屈辱を与えること。これは勝利を完全なものにし、勝利の味を楽しみ、自分の「自然な」優越性を自分に証明するひとつの方法として、今なお存在している。

*

ロマンチックな誘拐と戦時のレイプは同じ構造の一部をなしている。誘拐犯は被害者から固有の意志をすっかり奪ってしまう。一方、「英雄」は男をあげる。では、女性はと言えば、痛みのなかで服従するか、恋に落ちることしかできない。いずれにしても、彼女は屈服させられている。そのような場合であっても、彼女は誘拐犯《ラヴィスール》のために歓喜《ラヴィスマン》の悦楽に沈んでいくのである。ひとたび財産を差し押さえたならば、所有者はその自分の財産を他の男たちから守らなければならない。オデュッセウスは忠実な妻ペネロペをイタカに残していく。彼の留守中に彼女は求婚者たちの所有欲に身をさらすことになる。所有者のいない女は、周りが放っておかない。夫が旅に出ていて——ちょうど終わる見込みのない冒険旅行を続けるオデュッセウスのように——もう二度と戻ってこないと思われる場合には、妻は再び市場に出回る。彼女の意志は何の意味も持たない。ペネロペはあれこれ策をこらして、なんとかオデュッセウスの帰還を二〇年ものあいだ待つことができた。いずれにせよ、彼女は待つ女である。言い寄る相手をかわすことしかできない。時間稼ぎをすることしかできない。そもそも彼女は、現在の夫〔オデュッセウス〕を自分で選んでさえもいない。それでいて、彼女は夫に対して頑ななまでに忠実である。実のところ、彼女はトロフィーとして彼に与えられたものなのであった。彼女の父親が企画した競技の優勝賞品が彼女で、その幸福な勝利者がオデュッセウスなのであった。

＊

スポーツも戦争も、どちらも男らしさを競う活動である。男性はそこで力比べをし、女性を魅了し奪い合う。それゆえ、女性は当然ながらその場から排除される。ラテン語の《*vir*》は、男性＝人間（男）と英雄（戦闘や競技における戦士または勝利者）の両方を意味することを想起しておこう。[*21] スポーツ競技とは平時における戦争の模擬試験である。現在でも、スポーツチームは国や地域や都市や集団のカラーを身につけている。

スポーツは男らしさを競う典型的な活動であるため、個人競技でも団体競技でも、女子は現在でもなおスポーツの世界で認めてもらうには多大な苦労をする。オリンピック・マルセイユ（OM）の女子サッカーチームは、数年間にわたって男子チームよりもはるかに大きな成功を収めた。にもかかわらず、この並外れた女子選手たちのことは知られていない。彼女たちが溌剌と戦う試合には、ほとんど誰も興味を示さない。女性であっても興味を示さない。女性の居場所は家庭であって、戦場や競技場ではないのである。かろうじて、セクシーなチアガールとして、ポンポンを持って男子選手を応援することならできるかもしれない。かろうじて、彼女たちの自然な資質であるところの可愛さ、優雅さ、繊細さを表現できるフィギュアスケートやアクロバティックダンスのような競技であれば、脚光を浴びることができるかもしれない。

最も露骨な差別のひとつは、サッカーやハンドボールをはじめとする団体競技の大部分では、男女混成チームの編成が拒否されていることである。あたかも女子がハンディキャップでしかありえないかのように。テニスのような個人競技でも、女子と男子が個人として力比べをすることは――当人たちが望んだとしても――拒否される。そして、精神の弱さは身体の弱さに由来するとされ、チェスの大会でも同様に男女別の規則が適用される。理由としては、この場合も、弱い性を保護するためということになっている。では、アメリカの一六歳の女子ゴルフ選手エミリー・ナッシュが、ある地方大会をトップで終えたのに、優勝選手になれなかった一件についてはどう考えたらよいのだろうか。規定では女子が勝つということが想定されていなかったので、スコアで二位になった男子が優勝カップを手にした。二〇一七年一〇月のこの出来事は、しっかりと守られてきた男たちの砦を揺るがすような事態に、男性たちの準備ができていなかったことを象徴している。

心も体も不完全な女性

これは、シモーヌ・ド・ボーヴォワールが言うところの女性の解剖学的運命なのだろうか。[*22] それで女性は控え選手に甘んじることを余儀なくされるのだろうか。女性の身体の外見は、男性に比べて筋肉が少なく、体格が小さく、貫禄に乏しい。そのことが女性の劣等感の根拠となっていると言われる。私たちはこのようなイメージには囚われていないなどとは思わないようにしよう。

女性の身体は生まれつき〔男性の身体と比べて〕より虚弱であるという議論は、立ち止まって検討するに値する。このような議論は今日でも蒸し返され続けているが、それはより多くの力を必要とするとされるいくつかの職業から女性を排除することを正当化するためなのかもしれない（彼女たちのためにはそのほうがよいからというのであれ、社会のためにはそのほうがよいからというのであれ）。まるで女性は、身体が弱いから補欠要員であるのは仕方ないとされているかのようである。ボーヴォワールでさえ、この命題を部分的に認めているように思われる。彼女の見るところでは、もし女性たちが立ちあがることができる――立ちあがらなければならない――としても、確実に男性たちの権力にぶつかることになるし、さらに自分自身のより困難な解剖学的条件を克服しなければならないだろう。なぜなら女性の身体は、自分のために使える機能を、生まれてくる子どものために犠牲にしているかもしれないからだ。たとえば、月経は当人の身体にとっては無益な疲労を意味しているし、場合によっては大きな痛みを定期的に引き起こす。これに対し、男性の身体は自分自身のためにしか機能しないので、より効率的であるとされる。このような議論は根拠に乏しい。なかには、月経で血を失うことは、身体の組織を再生することになるので、女性のほうが寿命が長いことの説明になると論じる者もいるからだ。もちろん、実存主義の精神においては、女性にとって重要なのはこのような生物学的状況から自分自身を解放し、自分の運命を自分自身で書くことである。それは彼女たちの自由を存在させるためである。「人は女に生まれるのではない、女になるのだ[*23]」。

もうひとつよく提起される議論は、性交に直接的に関係するものである。性交は、男性の欲望の表現であるペニスの勃起なしには成り立たない。反対に女性は、いわばつねに性交に対して開かれているところがあると言えるかもしれない。当人が望んでいるにせよ、いないにせよである。そうだからこそ、眠れる森の美女のように、眠っている女性、あるいは死んでいる女性でさえも、男性の性的暴行を受けてしまうことが物理的には可能である。その逆はありえない。女性は生理的に劣っているという見方、そして男性の欲望のほうが本能的に先に来るという見方が、女性の欲望の価値を低く見積もる。女性の欲望は、生まれつき付随的なもので、男性の欲望に対するただの応答なのだとされる。このことは、女性の同意そのものを生まれつき付随的なものであると考えることにつながる。

＊

　このように女性の身体と性の品位を低く見積もる描写から、女性の道徳的判断を低く見積もる見方も導き出されてくる。古くはアリストテレスが、「男性は特定の能力のおかげで男性であり、女性は特定の能力の欠如によって女性である」と書いていた。[*24] 性行為がなされ、子どもができるとき、女性は来たるべき存在の素材を提供するだけであるのに対し、男性はそこに魂を吹き込むものとされている。形態的な欠陥、身体的な不完全性は、道徳的能力の欠陥、魂の欠如に結びつけられ、法的および政治的な能力を持たないという議論を正当化する。不完全な身体と魂の欠如を連関させる議論はプラトンにも見られ、彼は「男性のみが神々によって直接的に創造されて魂が与えられている」と述べている。臆病者で弱虫な男性は、それが祟って女性に生まれ変わることもある。[*25]逆に言えば、女性の最大の希望は、男に生まれ変わることだというのである。伝統的な仏教も、ほぼ同じ立場を支持していて、女性の身体では悟りに到達するのは不可能であるとされている。ここでもまた、女性の身体は「より弱く」、女性の性器は「不完全」であるというスティグマ化が行なわれ、それがいつの間にか、女性は自己主張がより少ない性格で、知性に欠陥があり、魂が欠如し、意志が欠けていると話がすり替えられている。それが、社会のなかでの女性の劣った地位の原因となっている。

フロイトは、有名な去勢コンプレックスを唱えて女性の身体を男根《ファルス》が切断されたものと見なし、そのような身体に結びつけられた女性の心《プシュケー》に対する否定的な見方を強化している。リビドーは根本的に男性的な力であって、女性においてさえもそうであるとされている。あたかも女性の欲望は自律的ではないかのように、まるでそれ自身の積極性を持っていないかのように扱われている。このように、フロイトは象徴的な二項対立の構造を引き継いでいる。男性が太陽で、女性は月である。火は男性的で、水は女性的である。乾いたものは男性的で、湿ったものは女性的である。力は男性的だが、柔軟性は女性的である。

男性は光と輝きであり、女性は影と闇である。男性は青く澄んだ空であり、女性は母なる大地にして、豊かで深遠な海である。象徴は文化によって変わることがあるが、男性がつねに能動的な要素であって、女性は受動的な要素である。要するに、女性は冷たいものである（「不感症」と見なされる）か、熱いものである（「すぐにヤレる女」や「ふしだらな女」と見なされる）かのどちらかである。自分自身の魂を持たず、相手から何かをされるか、されないかによってのみ存在するような、〈男からの〉影響を受けやすい物質のようなものとされているのである。

レイプの文化

この象徴的二項対立は、生まれつきの身体的差異という漠然とした根拠に基づいているが、性に飢えた肉食の男性を免責し、ハラスメントをする男性を正当化するうえで、いまだに大きな役割を果たしている。男性は自然本性からして活動的であるとされる。男性は若気の過ちを犯すものなのであって、自分が欲望を抱いた女性に狙いを定め、触れてみなければならないというわけだ。一方、女性は自然本性からして受動的とされ、ジョン・ウェインか他のカウボーイが彼女に狙いを定めるのを待たなければならないのだという。そうだとすると、ハラスメントをする男性は男としての自分の「仕事《ジョブ》」をしているだけということになるだろう。また、土曜の夜には酔っ払った(別に酔っ払っていなくてもよい)少年たちがグループになって、男らしさを互いに試すナンパの訓練をしているのを目にする。少年たちはこうして自分が本当に男であることを証明しあっているのである。最も内気な少年は、おそらくはあまりにも女みたいだと言われ、ひょっとすると同性愛者なのではないかと疑われて、からかわれるだろう。同じような考えのもと、少年たちは通りを歩きながら、彼らに対して何も求めていない(しかしおそらくそれだけを待っている〔と少年たちの目には見える〕)女の子に、次のような言葉を投げかけるかもしれない。「きみのお尻は小さくて素敵だね」。もしも彼女がこの褒め言葉にうまく切り返す反応ができず、少年たちの男性性《マリチュード》の最も自然な表現に逆らおうものなら、きっと彼らは彼女のことを淫乱女、売春婦、馬鹿女扱いするだろう。他にも侮辱の言葉が投げつけられて、この若い女の子をできるだけ卑猥な表現を使って性器と結びつけることがなされるかもしれない。

この種の振る舞いは、例外的なものではない。むしろ構造的なものでさえある。それは歴史の始原にまでさかのぼることができ、現在の学校の授業でも伝達されているものである。男の子に向かって何気なく「きみはいい《ボン》ね」と言うのは褒め言葉である。女の子に向かって「きみはいいね《ボンヌ》」と言うのは侮辱に相当する。それは、彼女を享受するための物質に還元することを意味している。高校までに複数の恋愛経験があると評判を立てられた女子は今日でもなお「あばずれのヤリマン」扱いされるおそれがあるのに対し、同様の経験を積んできた男子は「ノックアウト勝ちのチャンピオン」と肯定的に評価される（〔相手をマットに沈める、落とすなどの意味を連想させる〕言葉そのものが多くを物語っている）。

一五歳になる私の娘が最近、泣きながら家に帰ってきたことがある。高校――正確を期して付言しておくが、公立高校である――の女性の副校長から、不適切な服装だからといって、家に帰されたのである。私の娘は、短すぎるスカートを穿いて、男子生徒の視線を引きつけようとしたということらしい。女の校長が最後に言い放った言葉は辛辣なものだった。「これであなたに何かがあったとしても、別に驚きません」。彼女にしてみれば、自制するのは女子生徒の側らしい。自制しない女子生徒は、悪い意志（mauvaise volonté）、否定的な意志、意志のなさ（nolonté）を示しているという。そのような女子生徒は、実際には「奪われたい」という変態的な意図、秘密の暗がりを持つ無意識的でさえある意図を持っているのだという。女子は、男らしい本性を無垢なままに追求している男子の捕食者に狩り出されることをつねに待っているべきだということらしい。アメリカの諺にもあるように「男の子はやっぱり男の子だから」仕方ないということか。女子は、視線を上げたり、微笑んだり、腰を振って歩いたり、胸元が大きく開いた服を着たり、奥ゆかしさに欠けていたり、挑発的すぎたりすると、罪を犯したことになるのだという。こうして女子は、自分の地位が男性の獲物であることを確認する。男子のほうに、飲んだり夜遅く外出したりするのは控えるよう忠告し、たまたま道端にいる女子をレイプしたりするリスクを冒すことがないようにと注意する考えには至らないらしい。

＊

この「男女の示差的原初価」(valence différentielle des sexes) ——フランソワーズ・エリチエの表現に由来する——の伝達は、人類の起源にまでさかのぼる。伝統社会においては、イニシエーションの儀式を経て人は青少年期から成人期へと移行する。そのような儀式には、しばしば肉体的・心理的な試練が含まれていた。若者が成人男子たちのなかで自分の居場所を見つけるためには、その試練を乗り越えなければならなかった。試練といってもさほど難しくなく象徴的なものにすぎないこともあった。しかし、それはいつでも男にとっては、自分の男らしさと勇気を証明することを意味していた。自分自身を解放し、超克し、子どもの状態を脱し、自分の意志を主張することを意味していた。

ローマでは、成人するときに、世襲貴族《パトリキ》の息子は男らしいトーガを着ることができた。若い女たちにとっての試練とは、自分自身を超克することではなく、それどころかむしろ服従すること、男たちの意志に付き従うことを学び、待つことであった。男性は自分の地位を下げてしまう可能性もあったが、それに抵抗して克服することが男の義務ともなった。そうして男性は自分の身体を用いて能力を遺憾なく発揮し、その結果として、社会のなかで自分の居場所を得ることができた。

＊

これに対し、女性のイニシエーションの本質は割礼にあると言うことができる。それは、女性が自分の身体を享受するのを剝奪することである。そうして、女性が男性から独立した世界を享受することができないようにするわけである。いわゆる身体的な割礼がない場合でも、女性のイニシエーションは象徴的な割礼を意味している。男性のイニシエーションは拡張と解放を意味する儀式であるのに対し、女性のイニシエーションは縮減と服従を意味する儀式であって、それは集団的なレイプに及ぶことさえある。その目的は、女性は自分の性の持ち主ではないことを、女性の肉体の最も深いところで感じさせるためである。インドでは現在でも、いくつかのシヴァ派のセクトにおいては、バラモンが若い婚約者の女性を結婚前に儀式的にレイプすることが求められている。それに、伝統的な結婚とは、制度化されたレイプ以外の何物でもない。女性は処女でなければならない。将来の所有者のために、自分自身を取っておかなければならない。処女膜が破られることは、彼女の夫によって執行されるイニシエーションであり、このようにして夫は彼女の主人になるのである。

要点は性によって女性を女性の位置に置くこと、つまり男性の下に置くことにある。女性を〔男性に〕差し出してその支配下に置く（sous-mettre）ことである。こうして女性は、その肉体において自分が不完全であることに気づく。そして、一般的な意味で言えば男性との関係でしか自分を定義することができないこと、具体的な意味で言えば夫との関係でしか自分を定義することができないことに気づく。男性が女性の前に立ち現われるときは自分自身を半神のようなものとして提示するのと同じように、女性は自分自身を半人前の人間〔男性の半分〕として認識しなければならないだろう。永遠に不完全な人間というわけである。

女性の服従は、諸文明の象徴体系と文法規則に刻まれてきた。周知のように、フランス語では一八世紀以来、男性形が女性形に対して優位を占めている。[*27] 女性形をなくしている場合さえある。[*26] したがって、男女を包括する形で書くことについての議論は表層的で浅薄なものではない。より本質的で深い部分においては、女性が男性に服従するという規範を全面的に廃止することが争点になっている。女性を下に置いてしたがわせる（sous-mettre）ことを目的とするワインスタイン型のハラスメントは、相手の欲望、決定、享楽を否定することによって自分に固有の力があると空想するものであり、その純粋形態は古い時代の女性のイニシエーションの名残であると言える。

男らしさの無力（不能）

原初的で体系的なレイプは、女性を身体的にも道徳的にも低く評価し、不完全なものと見なすことによって、女性を社会から排除することを正当化する役割を果たしている。しかし、なぜかくも容赦がないのだろうか。というのも、結局のところ、男性がもともと自分の優位性を、まずは身体的に、きちんと確信しているのであれば、わざわざそのような策を弄するには及ばないはずだからである。実のところ、男性は自分自身の優位性を確信していないだけでなく、逆に産む力を持つ女性に対してコンプレックスを抱いていると、フランソワーズ・エリチエは言う。この生来の資質という法外特権のツケを男性は女性に払わせているわけである。このコンプレックスに加えて、男性は女性の身体から生と死の象徴である血が定期的に流れ出てくるのを見て苦悩するのだという。そして認識しておくべきは、一方ではこのように女性を矮小化し、他方では女性を前にして自分を大きくしようとするこの普遍的な執拗さは、自分は無力であるというこのような男性のコンプレックスの裏返しでなければ、一体何に対応しているのか理解することはできないということである。これが男らしさの力学のすべてである。

古人類学的研究が示すところによれば、女性の身体が形態学的に非常に弱々しいのは、大部分はこのような支配の文化の産物であるという。*28 およそ七五万年前、ネアンデルタール人よりも前の時代、人間の形態が安定化するずっと前から、女性は全面的に肉食を奪われてきたと考えられている。おそらく男性は、動物の肉に象徴される強さを自分のために取っておこうとしたのだろう。女性の肩幅や胸郭が男性に比べて狭く、身長が低く、骨や筋肉が脆弱であるのは、タンパク質が不足し、とりわけでんぷん質の野菜で補っていたことが部分的な遠因になっていると思われる。

したがって、もちろん遺伝による違いを否定するものではないが、現在の女性の身体的状況もその一部は文化的に構築されたものであると言えよう。この変わることのない普遍的な「亢進的圧力」は、たとえそれが食べ物を介してのものではなくなったとしても、今日に至るまでほとんど緩められることなく続いている。剝奪の真の目的は徐々に、そしてかなり倒錯した形で捻じ曲げられ、そうすることによって受け入れられるようにされてきた。それは、女性の側もそう望むようなものにさえなった。弱々しさの魅力がそれである。女性の胴体、胸元はコルセットで締め付けられる。これがさらに体つきをほっそりと見せ、呼吸を妨げ、息は絶え絶えで喘ぐようなものになる。ハイヒールはルイ一四世の宮廷で男性が履いていたもので——最初は国王自身が履いていた——その目的は背を高く見せることだった。女性が履くようになると、ヒールの部分は針のように尖って細くなり、歩くのがより危なっかしく、困難なものになった。肩や腰を揺すって歩くことになり、そのぶん魅力的なものになった。

日本の伝統的な男性用の袴は、着物に合わせて下に穿くもので、非常にゆったりとしているが、それは足を外に向かって踏み出すことができるようにするためである。重心のある肚《はら》から、足は一歩ごとに前へ前へと大きく誇らしげに踏み出される。これに対し、女性用の着物は腰、太もも、ふくらはぎを足首までぴっちりと締め付ける。まるで絹でできた石棺のようで、これでは着物を着た日本人女性は、小さく繊細な足取りで歩むことを余儀なくされる。少しでも足を踏み外したら、転んでしまいかねない。もっと残酷なのは、女児の足を強制的に布で巻いて縛ったままにし、成長を妨げる纏足という中国の伝統である。幼少期や思春期の耐え難い痛みに加えて、大人になって期待される結果は、萎縮した足である——しかしながらとてもかわいらしい。そして、永遠に痛々しい足取りである——しかしながらとても洗練されている。クラシックバレエの規範と現代のモード系ファッションの世界は、この拷問のモデルを永続的なものにし、子どものような拒食症の女性の美を理想として定着させている。華奢で、痩せていて、軽く、目はぼんやりとしていて、病的で、ほとんど滅びゆくように、消え入りそうな女性。脆弱で受動的な素晴らしき女性。よりポルノ的で豊満な、丸みを帯びた曲線を持つ高級娼婦のイメージで展示される場合には、女性はあたかもその形式にとらわれた囚人であり、大皿に盛られて飢えた男性に賞味され、食べられる準備ができているかのようである。

このような身体的な束縛が、文化的な美点に変換されてしまった。もちろんそれは男性にとって有利なもので、彼らはこの虚弱な存在に対して、自分の身体の大きさや偉大さ、自信に満ちた足取りをより確固たるものとして強調することができる。そして、それは相手から見て好ましい存在——男性の目から見ても、女性の目から見ても——になりたいと願っている女性にとっても、そうなのである。しかし、このことはもっと遠くまで行く。身体的な美しさは道徳的な美徳にも反映させられる。このようにして、永遠の女性像なるものが打ち立てられる。慎み深く繊細で、忠実で処女を守り、純粋で献身的で優しい女性。自分を与え、自分を忘れ、愛と母性の寛容を備えている女性。謙虚で抑制が効いていて、存在感を出さずに、恥じらいでおずおずとしている女性。要するに、服従が美徳にまで高められている女性である。そして、この名誉にあずかる女性には、女性が嫉妬を覚えても、触れてはいけないことになっている。女性の「美徳」なるものは、「男らしさ」の対極に位置している。

伝統的な世界では、「美徳」は女性に対して幼少期から叩き込まれ、正式に教えられていた。それは仕草や振る舞いのなかに組み込まれていた。男子が誇りと自尊心を学ぶように、女子は恥じらいと謙虚さを学んだ。弱々しい女性というイメージの拘束から一瞬自分自身を解き放ってあえて発言する勇気——とどのつまりは勇気——を持つ女性は、世間知らずで、おしゃべりで、表層的で、男みたいで、場違いで、不作法で、品がないとされるおそれがある。若い女性が女性らしい服従を守るときに価値がしっかりと伝達されてきたということで、すべての符号が一致する。その筆頭に来るのは、結婚するまで処女を大切に守ることで、その目的は女性が夫に完全に所有され、自分自身を奪われるためなのである。

男らしさとは力強さであり、女らしさとは謙遜であるという家父長的な区別は消滅していない。それは現在でもなお、私たちの集合的表象と個人的リビドーを大きく構造化している。たしかに、この区別に対して叛旗を翻すことは可能である。男であれ、女であれ、それは可能である。あるいは、このような古めかしい価値観を断固として守ろうとすることも可能である。実際、評判を落としたハーヴェイ・ワインスタインの男らしさを擁護する声が――女性からも――上がっている。ハラスメント男を自認する悪名高きドナルド・トランプを支持する有権者の多数派が女性であることも想起しておこう。家父長的な文明は危機を迎えており、おそらくは断末魔の苦しみのなかにある。そこから、あらゆる不安も出てきている。このような不安定な状況において、女性を守ってくれる男性という私たちが慣れ親しんでいる男らしさのイメージは、安心をもたらす避難所のような価値として、残り続ける可能性がある。不確実性や方向性の喪失という事態に直面して、従属しているかもしれないが保護されているという女性のイメージも、多くの女性にとっては快適なものとして残り続ける可能性がある。

強すぎる女性に対する不安

手品のようなトリックによって、女性を小さくすることは美徳にまつりあげられた。小さく大人しくしていることが女性の本質とされる。女性はそのようなものとして生まれてくるとされる。すべての女性がそうだとされる。彼女たちが変化するとしたら、それは怪物的で不自然ということになるだろう。神の意志や自然に反していることになるだろう。冒瀆や堕落ということになるだろう。女性が男性との関係において定義され、男性の陰に隠れる形になっているのは、女性は半人前でしかないとされているからである。

偉大な神話もそのように語っている。その筆頭に来るのが聖書の物語で、それによればイヴはアダムの肋骨から作られている。この点についてては、さまざまな宗教のあいだで序列を設けようとしても無駄である。あらゆる宗教が世の始めから女性には欠陥があったと語っている。ギリシアの哲学者や語り手の大半も同じことをしている。これはおそらく世界最大級の偽善のひとつであろう。問題なのは宗教ではなく、家父長的な文化である。いくつかの文化においては、女性の性器は一部を欠いて不完全な男性器にすぎない、あるいは反転した男性器であると言われている。このような男根中心主義的な形態論(phallomorphisme)が克服され、ようやく女性の生理的な自律性が認められるようになるには、二〇世紀を待たなければならなかった。*29

このような女性の弱さと言われるものは優雅さに変換され、それは男性の無力感という古い感覚を追い払う役に立っている。この暗黙のルールにしたがうことを拒否するすべての女性に怒りが降りかかり、非難が浴びせられ、抑圧が加えられるのを見れば、そのことはよくわかる。支配管理の権限を喪失することに対する男性の恐怖はいたるところに感じることができる。あらゆる宗教が同じ図式を取り入れている。もちろんバリエーションはある。聖書では、アダムから生まれたイヴのほうがたしかに弱い。しかし、彼女は挑発する誘惑者であり、彼女によって災いがもたらされる。イヴは「悪魔の扉」だと言ったのはテルトゥリアヌス*30である。女には警戒をして、より多くの制約を課さなければならないと彼は考えた。

別の文化に目を向けてみよう。仏教の戒律について言えば、男性の僧侶に課される制限は尼僧よりもはるかに少なく、懲罰については尼僧に一層厳しいものが与えられる。今日ビルマを訪れる女性観光客は、インレー湖のほとりにある有名なパウンドーウー・パゴダの五つの仏像に金箔を貼ることが自分たちにはまだ禁じられていることを知って驚くかもしれない。

クルアーンによれば、女性はつねに細心の注意を払って導かなければならない。女性は法に反していないかをつねに疑われている。夫のいる女性は、ほんの軽い気持ちで別の男性に話しかけようものなら、不貞の証とされてしまう。

同じ考え方は、キリスト教の新約聖書、特に『コリントの信徒への手紙』にも見られる。聖パウロは、女性の口から秩序を転覆するような言葉が出てくるのを恐れて、女性に沈黙を強いている。パウロが女性に救いの道として残しているのは、母親になるか修道女になるかのどちらかだけである。たしかにマリアは崇高な女性として崇められているが、それは神的なものを受動的に受容した女性という資格においてである。

ローマ法では、不貞行為は女性だけが罰せられていた。しかも、非常に厳しいものだった。ローマ人にとって、女性は「神秘的で超自然的な力が宿る場所」だったからというのがその理由である。*31

一九七五年まで、フランスの民法や刑法では、不倫の立証は女性の不倫の場合のほうが容易であり、しかも処罰はより厳しかった。

このような例は他にも事欠かない。男性は、はるかかなたの昔から、女性の自由に対して取り乱すほどの恐怖心を抱いてきた。南米の先住民セルクナム族の神話は、そのことを雄弁に物語っている。この火の大地（ティエラ・デル・フエゴ）の人びとにおいて、女性は非常に残忍な抑圧を容赦なく受けているが、それが正当化されているのは、もともとは女性が非常に大きな力を持っていて、残忍で、男性を拷問にかけ、奴隷にしていたからだというのである。*32

＊

『創世記』の物語に戻ろう。不完全な女性であるイヴは、もうひとりの神話上の女性であるリリスと比較される。リリスは、最初にいた真の完全な女性とされる。リリスは男性と対等な存在になろうとして、永遠に呪われることになった。地獄に投げ込まれたリリスは、中世の魔女、一九世紀の女性ヒステリー患者や、現代の淫乱な女たちの祖先である。中世においては、一定の年齢に達して結婚もせず（結婚すれば夫が管理する）、修道院にも入らない（修道院に入れば聖職者が管理する）女性は、自動的に魔女や悪い力に取り憑かれていると疑われた。一七世紀に起きたルーダンの有名な事件は、悪魔化された女性の自由――とりわけ性的自由――によって引き起こされたパニックの典型である。[*33] 男たちが対抗手段として考えた解決策は、悪魔祓いであり、リンチであり、火あぶりの刑である。結局のところ、魔女とは他の女性よりも独立志向を有する女性にすぎないのに、そのような女性にはすぐさま、目に見えない、人間《オム》の手の届かない無限の力があてがわれる。そして、多かれ少なかれ性的なエネルギーに関係づけられる。魔法を使っているのはどちらの側なのだろうか。

このように自由な女性は圧倒的な力を持つという狂気じみた幻想は、男性の不能感《インポテンツ》を裏返したものである。インポテンツという言葉は、女性を前にして勃起できないことを直接的に意味しており、このことが非常に重大な問題になりうることは、そもそも男らしさが本源から溢れ出る力ではないことの証拠である。男らしさとは、男性の無力感に対する暴力的かつ臆病な反応であって、根源的なところにあるのは実はこれである。男性は女性を物理的そして象徴的に矮小化し、そうすることによって女性を社会的競争から排除してきた。男性は、他者の性の潜勢力によって自分が測定され、凌駕されるのを恐れて、平等を望んでこなかったのである。

女性の欲望に対する怖れ

一九世紀には、ヒステリー患者が魔女に取って代わる。ブルジョワ的な医学が社会管理に乗り出していく。ミシェル・フーコーは「女性の身体のヒステリー化」について語っている。性欲《セクシュアリテ》に溢れた身体は、たえず破滅に瀕しているとされる。女性と医者のあいだに父親と夫が割って入り仲介役になる。家庭における彼らの権威は、科学的に正当化されたものと言ってよい。女性には相変わらず処女性と絶対的忠誠が課せられているが、それはもはや神学的な要請ではなく医学的なものとなる。しかしながら、「科学的」事実確認は、奇妙にも宗教的偏見をなぞっているように見える。ヒステリー患者の大部分は売春婦で、よき修道女ならこの病気には罹らないといった予断である。これは女性に用心しなさいと警告するひとつのやり方である。

夫は妻を管理統制することで、彼女の健康を守るのだとされる。男性のセクシュアリティには限界が設けられているので自然で健全であるとされ、女性のセクシュアリティに制限を設ける役割は男性に属すとされたわけである。なかなか驚くべき方向転換である。それまでは伝統の名において女性に課されてきた性の限界が、いまや健康上の要請に姿を変えている。

「アペイロン」すなわち無際限で無限定のものは、古代ギリシア人にとってもすでに混沌を意味していた。ヒステリックな女性は深淵のようなものである。男根（秩序の原因）が決して埋めることのできない底なしの穴（混沌の原因）というわけである。はっきりと言われているわけではないが、自分の勃起の回数と質には限度があると感じている男性の苦悩がこの背後にはあることを、見ないですますことはできない。男性は制限された回数しか楽しむことができないのに対し、女は際限なく楽しむことができて狂気にまで至る。女性の欲望にはもはや目的＝終わりがないのかもしれない。そうだとすると、男性の究極の悪夢とは女性の欲望に飲み込まれてしまうことなのかもしれない。

　女性の身体と良心に対して予防的な割礼が行なわれるのはそのためである。ブルジョワの夫は、花嫁に対しては処女性を、妻に対しては忠実さを相変わらず求めているが、自分は愛人を囲い続けたり、売春宿を頻繁に利用したりするのを非難されることはない。男性は、家の外では狩りを楽しみ、家の中では反論の余地のない主権者になろうとしたがる。女性本来の無秩序や世界の無秩序から妻を保護する名目で、夫は妻を閉じ込める。女性の美徳を守ると称する嫉妬深い男性は、実際には女性が自由になって自分と張り合うようになるのを恐れている。自分ひとりでは女性の欲望を満たすことができないと感じているからである。

モリエールは『女房学校』において、この監獄の理念を見事に描き出した。それは女たちに無知であることを教えて、無害で無垢にすることである。学問のある女性は怪物のようなものである。このような野望を抱いた女性たちは、ヴォルテールの陰で慎ましく生きた一八世紀の数学の天才デュ・シャトレ侯爵夫人のように、「偉大な」男性の姿の陰に素顔を隠さなければならなかった。お定まりのモデルにしたがい、彼女は彼にとって、感情的にも、性的にも、知的にも、忠実な愛人であった。ヴォルテールのほうはそうではなかった。彼女は、女に生まれさえしなければ、フランスのニュートンになれたかもしれない。周囲に衝撃を与えるおそれがあったにもかかわらず、男性的なアイデンティティを自分のものにすることを選んだ女性もいる。一九世紀の偉大な女性作家オーロール・デュパンがその代表例である。彼女はスキャンダルとなった。しばしば男性の服を着るなど奇妙な身なりをし、多くの男性の愛人を抱え、男性の筆名を選んだからである。その名は、ジョルジュ・サンド。彼女は幼い頃から、自分の女性的な弱々しさが魅力となることに反発していた。「[……]私は、その男が私をそんな小さな女の子だと思っていたのをいささか侮辱的だと感じ、ほどなくして私が非常に決意の固い男の子であることを相手に示した」[*34]。一九二八年にケンブリッジで行なわれた若い女子大生を対象とした講演会で、独立した女性であることに生涯をかけて奮闘した作家ヴァージニア・ウルフは、もしウィリアム・シェイクスピアが女性であったら、今日の私たちが知るような偉大な劇作家になる可能性はまったくなかっただろうと述べている。いくら子ども時代から目をみはる才能があったとしても、そもそも女の子だったら学校にさえ通わせてもらえなかっただろう。[*35]

去勢コンプレックスはまずは男性的なもの

男性は、擬似医学言説を用いて女性について語るとき、実際には自分たちのことを語っている。より正確に言えば、男性たちは相変わらず、自分たちの無力感について語っている。ペニスの大きさについての妄想が出てくるのは、このためである。あらゆるものの大きさについての男性の執着が出てくるのも、このためである。それは、車や家から時計などにまで及ぶ。性的に自由な女性を指して淫乱女扱いするのも、同じ防御反射の一部である。女性はジレンマに囚われている。自分自身を所有しようとするあまり目立ちすぎて、魔女、ヒステリー女、淫乱女として汚名を着せられるのか。それとも、自分自身を所有しないことを優雅に受け入れて、素晴らしいとか、魅力に溢れているとか言われて、満足するのか。

科学の装いを凝らした女性蔑視《ミソジニー》は二〇世紀にもある。社会生物学の父エドワード・ウィルソン〔一九二九〜〕は、ダーウィニズムとフロイト主義を混ぜ合わせて、女性よりも男性のほうが進化の観点から優位であると立証しようとしているように見える。彼が一九七五年に提唱した理論は、性の解放という当時の急速に変化する文脈において、反フェミニストたちに武器を与えた。ウィルソンにとって、生とは闘争であり、その闘争において主導権を握ったのは男性である。それは、男性のほうがより抵抗力を持ち、強靭で、効率的だからであって、要するに男性のほうが優れているのだという。女性は生まれつき男性に劣っているということになるだろう。男女が協力する次元は、種の存続と向上には欠かせないはずだが、棚上げにされている。女性の外観にのしかかってくる亢進的な圧力はもちろん無視されている。男性は、体内で大量に生産される種子を散布するのが天命なので、いろいろな相手と交わるのだとされる。これに対して女性は、月に一個しか卵子を生産せず、その寿命も短いため、自分の身体をより倹約的にしなければならず、より魅力的で(自分を最も美しく魅力的な状態で提示する)選択的な(「軽率な」性的関係を避ける)待機の状態で生きることを余儀なくされているという。――だから、男性がいついかなる状況でも言い寄ってくるのを、そう責め立ててはいけない。ハラスメントは種族にとって有益なのだ。女性の慎みも種族にとって有益なのだ――。このような社会生物学の方法論は、一九八〇年代末以降は問題視され、その命題のほとんどは今では無効とされている。*36しかし、大衆の偏見というのは根強いのである。

*

魔女、ヒステリー女、淫乱女といった言葉は、「手に負えない」女性たちのことを指しているが、それは彼女たちの態度が自律しているように見えるからである。そしてこのような言葉を使うことで、彼女たちは自由であるのに、まるで自分を見失っている女性であるかのように示そうとしているのである。特定の男性に帰属することのない女として、魔女は悪魔に取り憑かれ、ヒステリー女は病気に支配され、淫乱女は彼女の身持ちの悪さから利益を引き出す男性全員に所有されるというわけだ。男性が頑なに理解を拒んでいるのは、女性がその男性の支配が及ばない世界を楽しみたいと望むことができるという点である。言い換えれば、女性が自分自身でありたいと望むことができるのを男性は拒んでいる。一九六八年五月の革命以降、女性のオルガスムを認識せざるをえなくなった男性は、相手が感じるのは自分に実力があるからとするために努力奮闘した。女性のオルガスムは、男性のパフォーマンスの結果ということになった。男性は女性の快楽の絶対的な主人として自分のことを位置づけ直したのである。女性の肉体も心も虜にする者として、男性は支配権を握り続けようとした。ミシェル・サルドゥーの一九七五年のシャンソン「君を愛すよ」（Je vais t'aimer）を聴き直してみればよい。そうすれば、「もうだめと叫ぶ声が周りに響きわたる」までという歌詞があるように、性の解放を経て、男性が新しく女性を性的に支配するための表現を探し求めていることがわかる。女性の欲望と快楽は男性に依存するとされたままである。男性は性愛関係の英雄となり、愛を注ぐことで、「君〔女性〕が夢で想像しているよりも遠くまで」彼女を連れて行く。女性の享楽を欲望し手に入れるのは男性であって、それが男らしさの尺度となるとともに、失敗したらどうしようという悩みの種にもなる。なお、そのような悩みに対しては、何百万人もの近代的な女性は、感じているフリで応じている。映画『恋人たちの予感』のメグ・ライアンは、このような演技をユーモアたっぷりに生き生きと演じている。

だから、女性は別に男性との関係において自分自身を定義しているわけではない。むしろ事のはじまりから、事態は逆だったのである。フロイトが考えたのとは反対に、去勢コンプレックスは女性のものではなく、男性のものである。男根崇拝とは、女性に固有のセクシュアリティ、享楽、アイデンティティから、女性をそらそうとするものである。女性が自分のことを忘れ、最終的に男性になびくようにするためのものである。暴力は無力感から生じると述べたニーチェは完全に正しい。暴力は、期待に応えられないという恐怖から生まれる。相手に凌駕される恐怖から生まれる。だからこそ先手を打って、予防のために相手を競争から排除しておくわけで、そうすれば相手との直接的な関係において自分自身を測る必要がなくなる。これが人種差別のメカニズムである。深刻な男尊女卑の発想である。相手を服従させることを楽しむワインスタイン的な欲望の真相である。彼は最初から跪く準備ができている女性だけを味わうことを楽しみとしていた。

金の檻から脱け出す

したがって、支配を取り除くためには、実際の暴力を糾弾して満足するのでは不十分である。システムそのものを攻撃しなければならない。実際、謙譲の態度を示すことは魅力的な価値となりえ、非常に尊い女性の美点とされてしまう可能性がある。動産としての女性が、値段のつけられない財産として〈男性から〉狙われるかぎり、人のものとして所有され、自分を捧げるものとされているかぎり、女性は搾取され続けてもおかしくはない。そのような女性のたいへん貴重な美点は、現在もなお女性を封じ込めるのに利用されている。そのような女性の美点にかこつけて、このシステムは女性に対する愛撫と攻撃、詩的な賞賛と軽蔑的な排除という男性の両極的な態度を正当化している。とはいえ私は、ギャラントリー[*37]によって演じられる暴力緩和の役割まで否定しようとしているわけではない。[*38]結婚にしても、たしかに女性にとっては本質的には捕囚施設であったかもしれないが、古代より、女性の相対的な解放をもたらすことを可能にしてきたことも事実である。この点に関して、ミシェル・フーコーは、ギリシアとローマの作家を何人か挙げている。その筆頭に来るのが、ネロの治世下の一世紀に生きたストア派の哲学者ムソニウス・ルフスである。フーコーが言うには、ルフスは『愛欲の営み《アフロディジア》について』において「夫婦間の均衡のとれた誠実さ」の原則を擁護している。[*39] 一二世紀のアキテーヌ女公アリエノールのように影響力のある庇護者がいた中世の宮廷愛のオック語運動、フィンアモールもまた、女性の状況を改善するために多くのことを行なった。[*40] 一五世紀から一八世紀にかけてのヨーロッパ（特にフランス）の宮廷社会では「女性に対する男性の支配は完全に廃止された」[*41]というノルベルト・エリアスの指摘を待つまでもなく、中世の騎士道文化とは異なり、女性はもはや厳格な性的忠実性を義務づけられなくなったことは否定できない。妻が別の男と恋仲になったからといって、無理やり拘束したり、罰したりする夫は思いやりに欠けると判断されるのが通り相場だったと言えるだろう。一八世紀には、結婚の枠組みに還元されたセクシュアリティは、基本的に「ブルジョワ」のものと見なされ、貴族にはふさわしくないとさえ考えられていた。ブルジョワ社会が一般に性的自由を制限していくことは事実である——結婚の枠から外れる関係は秘密とされた——が、特に不利益を被ったのは女性であった。一四世紀末にペトラルカと彼が愛した女性の神格化からはじまった文明の近代化のプロセスは、女性の状況をかなり改善してきたが、それはまったく直線的なものではなかった。性的自由と男女平等については、進歩の時期もあったが、それに続いて後退の動きが生じることもあった。現在でも、新たな後退の可能性があることは否定できない。

いずれにしても確かなのは、女性は何千年にもわたって閉じ込められてきたシステムを、多かれ少なかれ有効に活用してきたことである。男性は自分でルールを定めておいたゲームに負ける可能性がある。自分の仕掛けた支配の網の目に囚われて足を掬われる可能性がある。男性は自分の陰茎《ファルス》の頂点でバランスを崩し、女性は自分に与えられた魅力を用いて男性を操る可能性がある。そう、女性は自分が生き延び、快適に過ごすために、男性への対処の仕方を学んできたのである。女性たちは、男らしさの要求を試練にかけてみることができた。利益を得るために嫉妬させたり、自分の身体をうまく演出したり、その身体を引き止めて焦らしたり、必要以上に隠してみたり。女性は隠れていなさいと要求されるので、それを逆手にとって神秘的な魅力を醸し出すようにしてきた。しかし、それは依然として消極的な力にすぎない。その力は覆われていて顕在化しておらず、積極的に承認されているわけではない。ところで、女性たちが今日求めているのは、積極的な力なのである。男性に代表してもらう必要はないし――それは彼女たちの意志を承認することと軌を一にしている――、女性としての魅力を振りまく必要もない。それは二世紀以上の苦闘の末にようやく権利として約束されたものだからこそ、彼女たちはそれを事実においてそうなるよう要求しているのである。

果たされていない近代の約束

近代は、あらゆる人間に対して同じ諸権利を、唯一の人類の名において約束していた。しかし、最初から女性はそこから排除された。最良の場合でも、知的なサロンで認められて満足を覚えるのが関の山だった。そこに閉じ込められて、制度化された真の権力へと接近することはできなかった。革命家たちは、女性たちが立ち上がることを望んでいた。彼女たちは、ヨーロッパおよびアメリカのすべての偉大な民主主義革命に積極的に参加した。女性に対するさまざまな約束は、次々に起きる出来事の興奮状態のなかでなされはした。しかしながら、一六八九年のイギリスの権利章典と一七八九年のフランスの人間と市民の権利宣言は、男性にしか関係していない。史上初のフェミニストの一人であるオランプ・ド・グージュは、奴隷制の廃止や人種差別に対する闘いにも取り組み、一七九一年には「女性と市民の権利宣言」を執筆したが、国民公会[*42]がこれを批准することはなかった。彼女が要求していたのは、主観的権利を女性に適用することにほかならなかった。彼女は、仲間である女性たちがたんに市民として認められることを求めていた。しかし、女性たちは所有権、投票権、市民権の本質から排除されたままであった。女性たちは相変わらず、男性、父親、家長、夫、司祭に従属する存在とされた。革命は女性たちにとっては何を変えたのだろうか。オランプ・ド・グージュが提起したのはこのような問いである。女性は人間ではないのだろうか。なぜ人間主義《ユマニスム》の原則は女性には適用されていないのだろうか。一七七六年のアメリカ独立宣言は、「〔……〕すべての人間（＝男性）は平等に創造された」と定めている[*43]。男性のみである。一八六三年の奴隷解放宣言も女性には関係していない。一八七〇年のアメリカ合衆国憲法修正第一五条には、何人も「人種、肌の色、または以前の隷属的な状態」を理由に選挙権を拒否されてはならないと規定されている[*44]。女性は隷属的な地位に留め置かれたままである。公民権から排除され、女性市民という低い地位をあてがわれていた。

啓蒙の近代によってもたらされたはずの女性の法的平等を、ひとつひとつ権利として承認させていくそれからの道のりは長かった。女性が選挙権を得るには二〇世紀を待たなければならなかった。女性にこの基本的な市民権を明確に認めた最初の民主主義国家はニュージーランドで、一八九三年のことであった。フランスで認められたのは一九四四年である。しかし、さまざまな市民権はまだ獲得されていなかった。「夫が共通財産を単独で管理する」と定めたフランス民法第一四二一条が廃止されたのは、ようやく一九八五年一二月二三日に至ってのことである。結婚する女性が自分の結婚に同意していることという条件が認められたのもずいぶん遅かったし、二〇世紀末に至るまでは配偶者間の性暴力という概念自体がなかった。フランスの最高司法機関である破毀院が、婚姻関係にある配偶者間の強姦罪を最終的に認めたのは、一九九〇年九月五日のことだった。

二一世紀初頭以来、私たちは――西洋の民主主義においては――ほぼ初発の精神に立ち返ったと言うことができるだろう。二世紀以上の闘いの末に、ついに女性は男性と法的に平等の立場になった。ますます多くの女性たちが、自分たちの権利を握りしめ、自分の運命は自分で決めようとしている。会社の社長、高級技術者、研究者、作家、首相にも女性がいる。パキスタンの首相ベナジル・ブットは、妊娠中も政権に留まって一九九〇年一月に娘を産んだ。任期に中断はなかった。このようなことが現職の国家元首に起きたのは（管見のかぎり）世界の歴史で初めてのことである。二〇一八年には、若きニュージーランドの首相ジャシンダ・アーダーンも任期中に妊娠した。[*45] このことは、女性が最高責任者であることばかりでなく、妊娠出産とも両立不可能ではないことを示している。

＊

にもかかわらず、男性はこのような現実を自分たちの慣習に統合することが相変わらずできていない。日常生活において、以前のような振る舞いができなくなっていることを理解していない。つい最近、管理職に就いている女性の友人が私に打ち明けてくれたのだが、彼女の地位を社員たちにきちんと理解してもらうのは難しいのだという。彼女の同僚のアシスタントである男性、つまり社内での地位は彼女よりも低い男性が、ある会議のときに彼女に向かってコーヒーを淹れてきてくれと頼んだそうである。おそらく彼としては、女は真面目すぎる議論に興味が持てないとでも思ったのだろう。これは、私たちがまだ女性というものを、何よりもまず女性の身体を通して知覚しているからであり、女性を疎外してきた歴史が育んできた男性的な集団的想像力において女性の身体にまとわりついているものを認識しているからである。

女性の同意は両義的で紛らわしいという俗説

私たちは問題の核心に戻ってきた。それは身体である。女性の身体に関する主権が十全かつ完全に認められないうちは、その女性が会社の社長であろうと、映画界のスーパースターであろうと、具体的に男性と対等であるということにはならないだろう。女性の主権を認めるというのは、誘いかけるのをやめることではなく、女性は自分が何を望んでいるのかを十分には理解していないという巷に広まっている考えから脱却することである。

酔っぱらって薬漬けになった若い女性を集団でレイプし、その女性をある場所から別の場所へと文字通り引きずり回しておきながら、何か悪いことをしているとは思わなかったという若者たちのグループから、金髪の美しい女性にキスを強要しておいて、何の問題もないとしている白い歯をした男らしいカウボーイまで、私たちが持っている文化モデルは同じものである。

一七歳のときにレイプされたという小説家ヴィルジニー・デパントが語るところによれば、彼女を襲った男たちは、それは本当の意味でのレイプではないことにしようとしたという。「受け入れようとしない一人の淫乱女がいるだけで、あとは説得することができればよかったというわけだ」[*46]。小説家は何年ものあいだ、この出来事を語る勇気を持たなかった。なぜだろうかと彼女は自問している。屈辱を感じていたからだが、とりわけ恥ずかしいと思っていたからだ。まるで自分が受けた仕打ちの罪の原因が自分にあるかのように。まるで何かが彼女から奪われたかのように。しかし、次第に彼女は、こう理解するようになった。たしかにあの男たちはこちらの意志を否定したが、有形のものは何も奪われていないのだと。彼女を無理やり犯して彼女の一部を奪ったと考えるのは、彼らの妄想であった。彼女の側としては、彼らの妄想に付き合ってやる必要はなかった。女性を資産と見なす彼らの男らしさのゲームにかまってやる必要はなかった。そう、彼らは彼女から何物も得ていなかったのである。

たしかに女性たちは、法の観点からは、権利や地位を獲得してきたと言える。しかし、男性たちが抱く妄想を完全に打ち破ってきたわけではない。そのことが、女性が具体的な権利を行使することの妨げになっている。女性たちの超越論的な主観性を承認するには、まずは〈男性が〉このような巨大な幻想から目覚める必要がある。

女性はある男性と一対一でお酒を飲みたいと思ってもよい。その男性を夜中に自分の家に連れて帰りたいと思ってもよい。彼女は、彼の隣で眠るけれどもそれ以上は「事態を進めたくない」とさえ思うことができる。撫でてもらったうえで、そこでやめてもらうのを望んでもよい。挿入は拒んでもよい。しかしながら、すべてはまるで女性の同意など存在しないかのように進行してしまっている。そして、彼女の側に少しでも肯定的な兆候があれば、それはすべてに同意していることを意味すると仮定できるかのように進行してしまっている。

先述のように、夫婦間のレイプが認められるまでには長い時間がかかった。ところで、これも同じ問題なのである。たしかに、かくかくしかじかの日時に、教会や役所で結婚の同意がなされたかもしれない。そして、その当日の晩にセックスを拒むことはありうるのである。あるいはその翌日からかもしれない。一〇年後の場合だってある。同意はけっしてすべてを全面的に認めることではない。そして、一度の同意で同意が最終的に獲得されたということにはけっしてならない。しかし、もし人が女性の身体は商品であり、（身体的および市民的な）享楽の対象であって、（身体的および市民的な）楽しみを享受する自律的主体ではないと密かにでも考え続けているならば、たしかに一度交渉がなされたからには、その対象は所有者に最終的に帰属することになってしまう。すでに見てきたように、かつてはレイプや拉致をすれば所有権を確立するには十分だった。所有された身体、受動的な物質、純粋な資産と思われているならば、意志の変化を表現することができないと見なされる。気持ちが変わったことを告げたとしても、それは意志に基づくものではなく、女性に典型的な意見の変わりやすさによるものとされるだろう。「女心は変わりやすい」と言われてしまうわけである。しかし、女性が楽しみを享受する主体であると考えるならば——現在では理論的にはそうなっているはずである——、もはや女性を商取引の対象物として扱うことはできない。

「近代的」であるはずの男性が旧時代的な性的振る舞いを正当化する能力には、目を瞠るものがある。私は一九八〇年代後半に学生だった頃、ある若いアナーキストのもとをよく訪れていた。彼は社会の不平等と闘っているのだと言っていた。資本主義の悪を糾弾し、男女の不平等についても告発していた。しかし、そんな彼がそれまでに成し遂げてきた非常に多くの「征服」を「男たち同士」の会話で誇らしげに話すときには、口調が変わった。たいへん首尾よくいった性的関係を描写するときの彼のお気に入りの表現は、次のようなものだった。「あの女を、俺は文字通りバラバラにしてやったのさ」。そしてこう付け加えた。「俺があの女に何をぶち込んでやったか、おまえには想像もつかないだろうよ」。

彼が執着していたことのひとつに肛門性交があった。ただし、それは彼の「征服」がその実践を独占できる場合にかぎられていた。最高に素晴らしいのは、結婚していて（彼によれば）自分の旦那にはそれをさせない女性とそれをすることであった。彼の喜びは、相手の女性をそれで初めてイカせることであった。あるとき彼が出会った若い女性は「あれが好きだった」そうだが、彼はそれを聞いてすっかりやる気が失せてしまったという。彼は女性の身体を所有している感覚を楽しんでいたのである。彼が女性の身体を性行為によって「突き破り」、「砕き潰し」、「引き裂く」とき、彼はその女性が自分の身体を彼に与えてくれているのだと固く信じていた。この態度は、あらゆる性的関係は女性の抵抗に対抗する闘いであると考えているケニア南部に居住するグシイ族の男性たちのことを彷彿とさせる。本物の男は、女を痛めつけ、屈辱を味わわせ、悲鳴を上げさせることができなければならない。究極的には、女性を泣かせることで、自分の力を部族の残りの人たちに証明することができるとされている。私の同志はひとつの固定観念に囚われていた。彼は、自分の女を享受しているつもりの（妻帯者である）「旦那」は、婚姻関係の外でその女が別の男の餌食になって所有されていることをもちろんまったく知らない、と妄想して楽しんでいた。私は彼の振る舞いに反論し、彼が親密な領域においてやっていることと、彼が持っている進歩的な社会観とのあいだには矛盾があると批判したが、説得できたとは思わない。親密圏での振る舞いは、必然的に政治的なものである。それは、女性による身体の自由な享受の承認が、女性による市民的・政治的権利の享受を十分に承認することにつながるのと同様である。

愛のないセックス

男性優位の世界においては、女性は愛がなければ性的関係を持つことができないはずだとされている。しかし、男性にはそれができるという。どうしてだろうか。なぜなら、女性は原則として感情的なつながりなしで済ますことができないとされているからである。しかし、男性にはそれができるという。これは一方では、またしても男性への愛着から独立した女性のオルガスムの存在を否定するひとつのやり方であり、そこから同時に出てくるのは、女性の自慰行為をいまだに取り巻いているタブーと幻想である。他方では、これは女性たちが完全に自分の身を〈男性に〉任せていること、したがって女性たちが自分の肉体を用いることを通じて魂を毀損していることを「証明する」やり方のひとつである。そもそも男性の多くは現在でも、自分のパートナーが過去に自分の身体を使ってきたやり方を批判し続けている。

この家父長的な幻想が、セックスワークという非常に論争的な問題に私たちを連れていく。というのも、多くの人は身体——とりわけ女性の身体——の商品化を拒否するという大義名分において、セックスワークそのものに否定的だからである。「娼婦」という言葉が、売春行為だけでなく、「あまりにも多くの」男性と寝てきたとされる女性を指して貶める侮辱の言葉でもあるという事実は、非常に啓発的である。この侮辱は、騙された男の怒りや、現在進行形あるいは過去を蒸し返しての嫉妬を表わしている。男性は自分がこのように描写する女性のことをものとして見ており、これまでにその女性を所有してきた男性の数に比例して劣化してきたと見ている。プロのあるいは一時的なセックスワーカーに対する根本的な軽蔑——ときには同情が寄せられる場合もある——も、同じ資本主義的な想像力に由来している。セックスワーカーの身体は、みずからを相手に委ねる受動的な身体、したがって無限に疎外され、堕落している身体と見なされている。相手が楽しむ身体であって、当人は「それ」を楽しむことができないと思われている。

　セックスワークそのものが問題なのではない。問題なのは、一方では、それが性的奴隷制、容赦のない身体取引、ひどい扱い、経済的悲惨、劣悪な衛生状態を意味することである。そして他方では、屈辱を味わわせる社会的視線が、このような女性たちを「売春婦」

という男性優位のイメージのなかに閉じ込めることである。そうしたことがなければ、セックスワークそのものを禁じる理由はない。

春を売る女は体を売っているのではない。性的な仕事《サーヴィス》をしているのである。彼女はマッサージもしてくれるかもしれない。ここでも私たちは偏見の問題に触れていて、それは男性と寝る女性は自分の一部を失わずには済まないという見方である。同様に、女性は自分の感情をそこに注ぎ込むことなく性的な関係を持つことはできないはずだという偏見もそこにはある。繰り返しになるが、これは少なくとも多くの男性が自分自身をそう信じ込ませたいと思っていることである。このように、女性は「淫乱女」（魔女ないしヒステリー女）つまり堕落した存在（「売春婦」に相当しうる）でもないかぎり、愛のないセックスを受け入れることはできないという見方は、完全に男性側が創り出した妄想である。フィンランドの社会学者でフェミニストのアンナ・コンチュラが調査したところによれば、セックスワークは女性にとって性的な開花を意味する可能性があることがわかっている。ただし、そのためには社会的な条件が整っている必要がある。フィンランドのように、自由業としての地位を持つ彼女たちが保護され、客を選ぶことができ、社会的に尊重されていることが条件である。[*47] 同様に、作家のカトリーヌ・ミエが語るところによれば、かつて彼女はよくブローニュの森に行き、経済的にも性的にも非常に不安定な状態にある移民に対して無料で性的奉仕を提供していたとのことだが、彼女はそれによって道徳的に堕落したと感じることはまったくなかったという。たぶんそれはキリスト教の教育を受けたおかげで、自分はつねづね魂と体は完全に別物であると考えてきたからと、彼女はからかうようにつけ加えている。

売春と同様に、レイプに対する社会的視線は、男性支配を強化し、確定的なものにする。強姦魔の手にかかったことによって女性の身体の価値が下がったというような男性目線のフィクションを捨て去らなければならない。それに、このフィクションは被害者に恥ずかしい思いをさせるもので、被害者は二重に暴行を受けたと感じるようになる。つまり、第一に彼女をレイプした犯人によって、第二に蔑むような眼差しを社会から注がれることによって。そこには司法制度も含まれる。カトリーヌ・ミエは、原則としてレイプは身体的暴行に比べれば深刻ではないと勢いで発言して衝撃を与えたことがある。私の考えでは、彼女が言いたかったのは、レイプは深刻ではないということではなく、被害者に二重の罰をもたらす家父長制のゲームに入り込んではいけないということなのだと思う。レイプは重大で、それは一方では相手の意志を侵害するものであるからにほかならない。他方では、それは受けた身体的および精神的被害に比例している。その他には何もない。消し去ることのできない汚点でもなければ、神罰でもなく、取り返しのつかない破壊行為でもない。

それは、ヴィルジニー・デパントが自分の受けたレイプについて言おうとしていることでもある。彼女の著書『私を犯して』を映画化した作品〔『ベーゼ・モア』〕では、二人の若い女性が、明らかに「ヤバい男たち」に襲われる。彼らは、彼女たち二人をさびれた小屋に連れて行ってレイプする。女の子のうちの一人はもがいて暴れ、叫び、慈悲を乞う。彼女が抵抗するのに興奮した男たちは、彼女を血が出るまで殴りつける。もう一人の女の子は、蔑むような目つきで、些細な命令にもしたがってやる。すると、レイプ魔は膨らませていた所有の妄想をしぼませてしまい、ついには「尻尾を巻いて逃げ出す」に至る。二人の男が去ったあと、最初の女の子は絶望で泣きながらこう尋ねる。「なんで、あいつらのなすがままにやらせることができたわけ？」。二番目の女の子は、「あんなチンピラのチンポなんてどうでもいい」と落ち着き払って答える。そしてこのように付け加える。「私のあそこは、アホ野郎どもが入ってくるのは止められないから、大切なものは何も置いておかなかったの」。

男性は、少なくとも新石器時代以来、女性を取引し、交換し、略奪し、レイプしてきた。けっして逆であったことはない。しかし、それは避けられないことではない。そしてまた、女性を襲ってきたのは外敵や外国人ばかりではない。WHOによれば、世界全体で女性の三分の一が親密なパートナーからの性暴力を受けているという。

ジェンダーのなかの違和感

これまで見てきたように、女らしさについての旧態依然とした感覚は、男らしさの体系から派生してきたものである。これが現在、息を切らして力尽きようとしている。しかしながら、それはまだ息をしているわけで、その断末魔のなかで甚大な被害を生み出し続けている。家父長的な文明では、大混乱が生じている。振る舞いや表象の変化は、新しい世代、とりわけ若い女性のあいだで急速に進行している。その一方で、とりわけ男性に見られるが、旧来の体系を支持している人びとの数もまだ非常に多く、方向性を見失っている。テレビドラマシリーズ『マスターズ・オブ・セックス』では、これと同様の混乱が、あの若い医学研修医を締め付けている。彼は颯爽として感じがよく、善意に満ちており、上司の助手と恋に落ちる。その相手こそ、現代セックス学の共同創設者であるヴァージニア・ジョンソンにほかならない。彼女は、UFOのように謎めいており、完全に自立した女性で、自由な感情とセクシュアリティ観を持ち、一九五〇年代末のアメリカという非常にマッチョな社会のただなかを生きている。

第一話の二つのシーンに〈男女双方の〉当惑が凝縮されており、それは現在の私たちにとっても悩ましい種類のものである。最初のシーンはこうである。二人は初めて一緒に食事をしたばかりである。彼は彼女を家まで送っていく。玄関のところまで来て、彼は中に入って最後に一杯飲めたらとやんわり主張する。彼女は彼の意図を察知し、今は誰かに夢中になりたくはないと彼に知らせる。彼女はそれでも彼とは友達でいたいと付け加える。彼は悲しそうに後ずさりし、自分はレストランから彼女の家の玄関先に来るまでの道中、ずっとキスしようと思っていたと彼女に告げる。すると彼女は彼に微笑みかけて、キスしたいと言う。ただし、友達でいましょう、と彼女は付け加える。若くて美青年で将来有望な研修医は、男らしく獲物を仕留めようとし、引き返すことができなくなる。二人はそのすぐあとにセックスをする。そして、そのあとも定期的に愛し合うようになる。いつも彼女は夜が明ける前に帰ってと彼に頼む。彼には理解ができない。彼女は女性が味わう快楽へと彼をいざない、彼が想像だにしていなかった性の喜びを与える。彼は狂おしいまでに恋をする。しかし、彼女はそうではない。彼は彼女に結婚してほしいとプロポーズする。彼女は最高の優しさを込めてそれを断る。彼は大いに動揺する。

第二のシーン。私はこれが肝心のシーンだと思うが、ある晩のパーティーのさなかに、彼が怒りを爆発させる。彼女が彼と一緒に人前に出るのを嫌がるからである。というのも、彼女にしてみれば、二人は別に一緒ではないからである。「おまえは何回おれに抱かれたと思っているんだ、答えてみろよ！」彼は叫んで騒ぎを続ける。「おれはおまえのベッドにいたんだ！　おまえのなかにいたんだぞ！」彼女は彼にいつもの優しさで答える。「あなたは私の友達で、私はあなたのことをとても評価している」。彼はもう我慢できなくなって、文字通りぶちまけてしまう。「おまえはなんでもおれの好きにさせてくれたし、おれはおまえのためならなんでもしてやることができる」。それに対して彼女は無防備な単純さで答える。「でも、それは私がそれを好きだからだし、あなたがそれを好きだからでしょ」。彼はもう今度は暴力の衝動を抑えることができず、彼女の顔を平手打ちする。そして、必死の激しい口調でこう言い放つ。「偉そうにしやがって、自立しているつもりなのかよ、結局はただの娼婦のくせに！」

ヴァージニア・ジョンソンに似た女性が増えている。そして多くの男性は、手のつけられないアルファ男性*48でなくても、このやり込められた医学研修医に似てきてしまうことを、やはり認めなければならない。このような男性たちは、自分の男らしさを持て余しており、どうしたらよいかわからなくなっている。もはやそれをどこに置いたらいいのかわからない。どのように振る舞うのが適切なのだろうか。勝ち取られた女性の自由を前にして、何を証明したらよいのかすら、わからないことがある。リスクは、無力感を強めて、「結局はただの娼婦のくせに」というような台詞を言ってしまうことだ。人は自分が知っていることにしがみつく。旧態依然とした男性と近代的な男性とのあいだに男性同士の内輪揉めがあることは否定しがたい。後者は、女性が楽しむこと、したがって女性の意志を承認する者である。

闘争が繰り広げられている事例として、二〇〇〇年代半ば以降、男性目線の旧来のポルノと女性目線の新しいエロティシズムという二つのモデルのあいだでの競争が激化している。前者は、女性の身体をあらゆる角度から資本化する精神の刻印のもとに完全に留まっており、不条理にまで行き着いている。女性は跪かされ、横倒しにされ、あらゆる穴に挿入される。身体を摑まれ、カメラの前で文字通り「ハメ」られる。侮辱の言葉が浴びせられる。男たちの大きな筋肉が見える。身体は引き裂かれ、射精された精子がさまざまな方向に乱れ飛ぶ。ここにある女性の身体は、矮小化され、懲らしめられ、征服されているがゆえに欲望を掻き立てると想定されている。インディアンのシャイアン族では、妻に裏切られた男性は部族の独身男性全員を招いてその妻を集団レイプして罰することができたというが、これはそのような旧来の懲罰的な慣行の繰り返しである。これは日本語に由来する「ぶっかけ」というポルノのプレイにも見られる。差し出された女性の顔に複数の男性が一斉に射精し、汚してしたがわせる。これは絶望した者が絶望をもたらすセクシュアリティのモデルである。というのも、大義のない想像上の戦争や復讐に没頭し、けっして欲望を満足させることができず、男性の無力感を無限に増幅させるだけだからである。めぐりめぐって、このモデルは女性にも増して男性を傷つける。このポルノは、窓に色のついたどこか陰鬱な店で現在でも生き残っているし、インターネット上ではより広い範囲で増殖し、ますます多くの若い男たちを引きつけている。

第二のモデルは、女性の欲望や楽しみ、そして自律性を重視するもので、それはたとえば、性的玩具の市場が出現し、発展し、途方もなく多様化していることに表われている。女性の性的玩具は、彼女に恋する男性からの贈り物の候補になっている。香水や宝石が入っているのかと思わせるような美的センスの豪華な箱のなかで、繊細さの行き届いた包装がなされている。すべては白昼堂々と行なわれている。もはや女らしさは縮減されておらず、新しい規則が構築されている。それは男女相互の駆け引きである。もはや一方的な狩猟に似たものではなく、これは二人で行なうゲームであり、各プレイヤーが平等に参加する。すべての女性が、姿を現わしつつある地平を居心地よく感じているわけではない。昔からの習慣を捨て去る準備ができていない場合もある。彼女たちは、古めかしい女らしさに執着するかもしれない。それは、女性を小さくし、性の支配に委ね、恥じらいから沈黙し、一方的に謙遜し、快適な依存を続けることである。要するに、男らしさの投影であるところの「永遠の女性像」に留まることである。

＊

世界は大いに変わったが、大多数の男性は相変わらず旧来の特権にしがみついている。たとえば、家事労働の不平等は今でも顕著である。[*49] 男性たちが特権を手放すことを拒否している様子は、女性のオルガスムに対する家父長的な反応によりはっきりと表現されている。男性たちは、女性のオルガスムを否定することからはじめた。次に、それを枠にはめた。そして今日では、現代人らしく振る舞おうとする男性——その正体はマッチョの新ヴァージョンである——が、女性のオルガスムを自分のものとして再所有化しようとしている。からかうのが好きな男性は、自分のパートナーを「感じさせることができる」と自慢する。このような男性は、こうして自分だけが彼女にオルガスムを味わわせることができると信じ、そのおかげで自分は彼女を所有しているのだと信じ続けている。このような究極の男らしさの幻想にも、終止符を打たなければならないだろう。

自由を恐れないこと

ドナルド・トランプは、咆哮して抵抗する旧式男性の象徴となった。彼の顧問を務めたスティーブン・バノンによれば、トランプは「おそらく最後のアルファ男性」である。彼の最大の楽しみのひとつは、彼自身が告白しているところによれば、自分の友人の妻と寝ることだという。*50 トランプは自分自身の所有欲に取り憑かれている。彼はトロフィーワイフ、市場価格が最も高い資本としての女性を求めているが、それはその女性を見せびらかすためである。最も若く、美しく、見事な金髪で、従順このうえない女性である。男らしさに溢れた年老いた好色の億万長者と、女らしさに溢れた若いスラブ系モデルであるメラニアが一緒になったこのカップルは、古い世界の象徴である。トランプは衰退するアメリカの国力の防衛を体現しており、アメリカ人は彼を通して巻き返しをはかっている。「アメリカを再び偉大な国にしよう」（メイク・アメリカ・グレート・アゲイン）という男らしいスローガンが成功したのも、そのためである。この大統領の極端な男性優位の態度は、経済、国際関係、法についても彼が考えていることにも表われている。奪い取り、吊り上げ、力を競い、高い壁を築き、関係をすべて否定する。これは家父長制の白鳥の歌のようなものである。しかし、この歌は永続する可能性がある。

若きエマニュエル・マクロンの姿から浮かびあがってくるのは別の世界である。エマニュエルとブリジットのカップルは、家父長制のコードを転倒している。魅力的で教養があり、野心家で前途洋々の青年が、かなり年上の女性と恋に落ち、結婚する。おまけに彼女は、活動的で、野心家で、離婚歴があり、自律している。彼女は古めかしい女性像の対極にある。彼女のパートナーも古めかしい男性像の対極にある。彼はまた、妻の子どもたちを受け入れ、文化的な父親として振る舞い、自分の血を子どもに受け継がせるという欲望も克服した男性である。そして、ひとたび国家の頂点まで登り詰めたあとも、新大統領は、前任者たちの一部がそうしたように、年下の女性を見つけて自分の男らしさを誇示する必要性は感じなかったようである。このように、マクロンが積み重ねてきた個人的選択は、ことごとく意外性に満ちているので、彼はホモセクシュアルかバイセクシュアルなのではないかという疑念を自然に呼び起こした。ちょうど高校生男子が、女子を夢中で追い回すのは嫌だという態度を示すと、やがて女みたいだ、「男好き《タペット》」ではないのかと評判を立てられるようになるのと同じである。

しかしながら、このファーストレディが女らしくないと言うことができるだろうか。そのようなことは到底言えない。同じように、この共和国大統領は男らしくないと言うことができるだろうか。同じく、そのようなことは言えない。マクロンはむしろ権威主義的な印象さえ与える。ジャーナリストたちは、彼はユピテルのように威圧的と指摘する。それでもこのカップルには、衝撃を与え、疑問を投げかけ、驚かせるものがあって、どこか例外的で挑発的なところがある。それほどまでに、古くから続いてきた性的資本主義の規範から隔絶しているのである。いずれにしても、このようなカップルが存在しうること自体が、前代未聞の文化的変動が起きていることの証拠である。女性的なものと男性的なものが存続しつつも、それぞれがより自由に自分自身を発展させていくことができるようになっている。

私たちがいる現状においては、可能な方向性は二つしかないという感覚を抱くことがある。ひとつは、色あせた古い家父長的世界をぐずぐずと引きずりながら維持することで、その最たる代表例がトランプ夫妻やハーヴェイ・ワインスタインのような人間である。もうひとつは、男らしさを、その負の副産物である女らしさともども、廃止することである。家父長制支配が暗黙の規範であり続けるかぎり、男性と女性は古くからの役割分担に部分的には囚われ続けるよりほかない。そうなると、過激な反乱か、古い世界の反動的防衛かしか選択肢は残されていないように見える。しかしながら、私が思うに、古い世界にはもはや見込みがなく、ジェンダーとセクシュアリティの関係は、このような二者択一を超えて、具体的に描き直されつつある。

＊

ひとつだけ例をあげよう。ティンダー〔世界最大級のソーシャル系マッチングアプリ〕のようにインターネット上で出会いを作り出す新しいプラットフォームの出現は、男性が女性の身体を管理する古いやり方を大いに時代遅れにした。今日では、どんな女性でも

――どんな男性でも同様である――インターネットのおかげで、目立つことなく、即座に自分の性的欲望を満たすことができる。リスクもなく、仲介者もなく、そうすることが可能である。これは〈性の〉商品化だと主張する人もいる。私はそうは思わない。これまで男性のものとされてきたライフスタイルに女性が突如としてアクセスできるようになったことで不安定になるのは、もちろん女性よりも男性のほうである。男性の管理が行き届かないところで、女性は互恵的で平等になった駆け引きに参加している。現代のカップルは、互いに相手が自分の性的欲望を別のところで簡単に満たすことができることを知っている。すると、もはや性欲を満たすことが人間関係構築の唯一の原動力にはなりえない。関係を更新しなければならない。これまで以上に要求があるのだから。そしてパートナー同士でも、二人の性生活の質に、互いにより気を配らなければならないだろう。

私たちの差異を再び自分のものにすること

いまだ構想段階にあるこの新しい世界は、必然的にジェンダーを廃止し、男らしさと女らしさを消滅させるところに行き着いてしまうのだろうか。たしかに女らしさは、男らしさが切り拓いた道において確立された。その意味では、女らしさは男性支配の産物である。それにもかかわらず、男らしさに複数の文化があるように、女らしさにも複数の文化があり、そこには注目すべき成果も含まれている。白紙状態《タブラ・ラサ》に戻そうとするのは、英語は自分たちが奴隷にされた言語だからといって、アフリカ系アメリカ人が突然英語を話すことを拒否し、一からすべてを組み合わせた新しい言葉に置き換えるようなものである。そのようなことをしたら、アフリカ系アメリカ人は、自分たちの記憶を捨て去ることになってしまうだろう。そこには、反乱の記憶もあり、それが彼らを今日そうであるところの自由な人間という存在にしてきたのである。事実として、彼らは抑圧者の言語を自分たちのものとして再所有化し、解放の足がかりにしてきた。これはフランス語圏の旧植民地にも当てはまる。アルジェリアの作家カテブ・ヤシーヌ*51は「フランス語はわれわれの戦利品である」と書いている。したがって、女性的なものと男性的なものの区別を消し去るよりも、区別の意味を再び自分のものにすることが重要であろう。

支配したがる男らしさとは、女性の力には際限がないという妄想を抱いた男性の無力感

＝性的不能感の産物である。男は自己評価の低いアイデンティティを女に押し付け、彼女たちに欠けていると思われた男根《ファルス》を崇拝するよう強制した。したがって、女性たちのいわゆる去勢コンプレックスと言われるものは、実は男性の無力感＝性的不能感から派生したものにすぎない。にもかかわらず、何千年にもわたる共同生活に基づく性差を、たとえそれが不平等であったとしても、突然強制的に消し去ることは、私には可能であるとも望ましいとも思えない。そのようなことをしたら、何百万人もの男性と女性が、自分たちが抱いてきた幻想を奪われることになるだろう。そして、そのような幻想を抱き続けることに、罪悪感を感じることになるだろう。実際の平等を保育園から職場まで推進していけばひとつの空間が開かれ、新しい土台の上でもう一度幻想が作られることになるだろう。男女に共通する私たちの歴史は、好むと好まざるとにかかわらず、共通の欲望を作り出してきた。私たちは、それに執着せずにはいられない。ある女性の友人が最近、私に次のように語ってくれた。「私は自分のことを根っからのフェミニストだと思っているけれど、自分の女らしさを手放す気にはなれない。メイクをしたり、ロングドレスやハイヒールを履いたりするのが好きだし」。それは男性支配から独立した新しい女らしさを生きることである。逆に言えば、それは女性が享受することを承認する男らしさを生きることであって、そのような男らしさは非家父長的である。マクロン夫妻はその実例である。そこまで有名でなくても、そのようなカップルは他にも何百万といるだろう。

問題はひとえに、幻想を流動化し、駆け引きを対等なものにすることにかかっている。性的な支配者を演じること、逆に服従する弱々しさを演じることを禁じるものは何もない。ただし、そのような役割を自然な類型として固定化し、本質主義化し、ジェンダーを階層的な秩序において封じ込めることを運命としてはならない。「差別することなく差異化する」というのがスローガンになるかもしれない。互恵的な関係を探し求めること。これは女らしさの意味を、ニーチェの表現を用いるなら、価値転換することを可能にするだろう。それは男らしさの意味も変えるもので、したがって関係性を変化させるものである。形式を変えてみるだけの凡庸な変化とは異なり、価値転換とは既存の形式を保持しつつ、その価値を転倒させる。ハイヒールの意味の変化は、この価値転換が可能であることを示す一例であり、そしてこのような価値転換は、すでにいくつかの分野でなされている。かつて、ハイヒールの意味は一義的に決まっていた。それは、華奢な女性の装備一式の一部をなすものであって、女性は不安定なバランスを保ちながら、高い枝にとまる臆病な小鳥のように歩くことを余儀なくされていた。ところが今日では、多くの女性が、会社の重役、経営者、弁護士などに就いていて、ハイヒールを自分のものにし、女性的なものに威厳と地位の高さを加えている。自分が何を語り、何を求めているのかを知っている女性が、ヒールに乗りながらしっかりと地に足をつけている。

意味はもはや閉ざされていない。コルセットを着用する女性もいるかもしれないし、ブラジャーをつけない女性もいるかもしれない。彼女たちの意志にしたがって、自分の好きにしたらいい。そこに彼女たちが望む意味を与えるのである。男性支配の原則がもはや通用しなくなった世界で、強制されることなくコルセットを着用するのは、ひとつの自由である。同様に、フランスやアメリカでイスラームのヴェールを着用することは、自由の印になりうる。これに対して、サウジアラビアでヴェールを着用することは、同じ意味をまったく持たない。いずれにせよ、女らしさの価値転換、つまり女性の自由な再所有化の前提条件とは、女性の意志を十分に承認することである。ワインスタインのような人物が、社会の舵取りをすることが容認されているかぎりは、自己を引き受ける自律的な新しい女らしさも、新しい男らしさも、十分に展開して花を咲かせることはできないだろう。

ジェンダーの和平に向かって

いずれにせよ、女性的なものと男性的なものの区別は固定化されることが少なくなってきており、それは身体的なパフォーマンスの面についてもそうである。今日では女性はほとんどのスポーツで男性に追いつく傾向がある。器用さという女性的な技量を必要とすると言われるフェンシングのような種目だけでなく、砲丸投げや槍投げのような力技の種目、走り高跳びのような神経と筋肉を使う種目、さらには競歩のような心肺系の種目においても、女性と男性の差は縮まっている。スポーツ科学者カトリーヌ・ルヴォーによれば、この調子でいけば、数十年後には女性が男性に追いつくことも不可能ではないという。そうなれば、スポーツは男らしさのしるしという当初の意味は、乗り越えられていくことになるだろう。ここでも価値転換が起きることになる。しかし、当面のところ、差を縮めていくためのおもな障害は、身体的なものである以上に心理的なものであると思われる。ハイレベルの女子スポーツ選手の多くは、大会で優勝すれば女らしさを失うことになると感じている。筋肉や骨格を鍛え、心肺能力を高めることで、彼女たちは女性としての魅力である繊細さを失ってしまうと感じるようだ。あまりにも男勝りになってしまい、もはや望ましい存在ではなくなることを恐れている。そうした女性たちを男みたいに扱うことはやめるべきである。一九六八年までは、女子スポーツ選手は「本物の女性」であるかどうかを調べるために、婦人科や形態学的検査を受けることが義務付けられていた。受けない場合は、大会には出場できなかった。女性であるかどうかの遺伝子検査は、スポーツの世界ではまだ存在している。*52 今でも、子どもの頃から平均よりも体格がよくワイルドな女の子は、「おてんば」と呼ばれているのではないだろうか。

同じように居心地の悪い思いをするという現象は、社会的に支配的な立場にあり、すべてがうまくいっているように見える女性のなかにも観察される。彼女たちは、もはや自分の身体を交渉の道具にして、男性が差し出す地位を得るようなことはしない。コンプレックスから解放され、満ち足りたセクシュアリティを生きているような女性たちである。けれども、彼女たちは往々にしてカップルを長続きさせることができず、フラストレーションを溜めていることがある。家庭のバランスを取ることができずに絶望していることがある。まるで彼女たちには呪いがかけられているかのようだ。このような女性たちを前にして、多くの男性は去勢コンプレックスを感じ、無力感に駆られるわけである。シモーヌ・ド・ボーヴォワールは、人は男と女の闘争においては敵の共犯者にならざるをえないと書いている。おそらく何千年にもわたって続いてきたこの共犯関係は、男女の平等な和平を実現するためにも、利用することができるはずである。

エピローグ——価値の転換

抑圧状態から抑鬱状態への移行を避けるにはどうすればよいのだろうか。性的にも金銭的にも自立している女性を前にして、私の兄弟である男性たちは困惑している。男らしさという古い戦略はもう通用しない。すると、男性たちはルサンチマンに沈んでいくかもしれない。暴力をふるう可能性もある。おそらくは、手綱を手放すことができなければなるまい。本当にそうしなければならない。他人に対しても、自分に対しても、先入観に囚われた役割を押しつけたり、割り振ったりする必要はもはやないのである。あらかじめ決められたアイデンティティを割り当てるのはもうやめよう。子どもを産む性としてのアイデンティティだとか、バービー人形としてのアイデンティティだとか。ヒーローとしてのアイデンティティだとか、男はものを知っているだとか、征服者としてのアイデンティティだとか。最初から決まっているものなどもう何も要らない。状況を流動化させるようにすること。男であるからにはこうでなければならないとか、固定的な男性のイメージに囚われて頑張らないこと。とりわけ外見を気にするのは悪手である。男性よりも多くのお金を稼ぎ、成功を収め、高い地位に就き、充実した性的生活を送ってきた女性に出会ったり、関係を結んだりするときに、生じる可能性のある恥の感覚や戸惑いを克服すること。これは誘惑したり、相手の同意を得ることを楽しんだりすることを妨げるものではない。行きずりのセックスを求めるのか、大恋愛を求めるのか、大事なのはそこではない。もはや相手を獲得すべき標的、手中に収めるべき対象、力を誇示するための機会として見るのではなく、相手のなかに意志的な主体を認めること。それは意志的であるがゆえにみずから望むことのできる主体であり、「私たち」と同じように自由に振る舞うからといって、まったく堕落などはしていない。平等が解放をもたらすのは、前もって台本に書かれている役割を私たち二人のそれぞれに押し付けてくる社会の劇が、人工的なものであることを明らかにしてくれるからである。そこから自由になることで、自分を信頼し、相手を信頼する空間が開けてくる。それは未踏の大地のようなもので、そこには何か新しいもの、共通のものが築かれていく可能性が秘められている。

ただし、このような価値転換を可能にするためには、去勢の苦悩に取り憑かれてポルノを用いる自慰行為から、まずは自分を解放しなければならない。自分自身の安心のために女性の身体を用いるのはもうやめること。彼女たちを通して自分を大きく見せようとし、相手を物理的かつ象徴的に低くするのではなく、彼女たちとともに成長すること。女性たちを私たちのフラストレーションの人質にするのはもうやめること。女性たちとともに、依存なき相互依存を生きること。そうすれば、双方が利益を得ることができるだろう。

古いタイプの男性は、自己の超越という幻想で分別を失い、他者の制御を目指した。これに対し、価値転換を果たした男らしさとは、他者の超越を尊重しながら、自己の制御を目指すものであると言えるだろう。私は、他者がその人の特異性において私にはとらえきれないという事実を受け入れている。したがって、私としては、男性としての自分の価値を証明するのに、ましてや自分の愛を証明するのに、性的、経済的、職業的なパフォーマンスに依拠する必要は、もはや先験的《アプリオリ》にはない。しかし、私は同様に、女性たちもまた自分の価値を証明するのに、ましてや自分の愛を証明するのに、相手にお追従を言い、自分の身体を贈り物とし、自分の野心を放棄し、ましてや服従する必要は、もはや先験的《アプリオリ》にはないことを受け入れる。このようにして男性は、男らしさのパフォーマンスとして周囲から求められること（他の人よりも多く稼ぎ、女性を楽しませることも、楽しみを妨げることもできる）と、女性は提供してくれるものという期待（身体的な献身と従順な賞賛を男性にもたらしてくれる）を、乗り越えていくことができるだろう。さまざまな役割や感情やアイデンティティは、偏見もフラストレーションもなく再定義することができるし、それが最終的な決定版となることもけっしてない。カップルにおいては、子どもがいてもいなくても、父性と母性が混ざり合い、お互いに助け合い、日常の些事から人生の大問題まで、相手の自由を望み愛すること。そして一般的には、独り身でもカップルでも、束の間の出会いであろうと、ひとつの歴史を刻むような長期にわたる関係であろうと、双方向的な性の交換を生き、互いに選択する幻想を共有すること。このようにして、男女のジェンダーのあいだに新しいタイプの連帯が構築されていくことになるだろう。それは、新しい信頼の形であり、新しい親密的かつ社会的な契約であり、新しく共有された超越性である。しかしながら、人種差別〔の克服〕と同じように、自分自身に抗して考えることができなければ、このような意識革命の達成を望むことはできない。そして、やはり人種差別〔の克服〕と同じように、そこに到達するためには、子どもたちの教育を見直さなければならないだろう。

この論考の冒頭に記しておいたように、私は私の動揺《トラブル》を出発点として論じてきた。私が語ってきたのは、あるがままの女性についてではなく、男性性《マスキュリニテ》が築きあげてきた女らしさについてであり、それは女性に去勢コンプレックスを引き起こしてきた。このようなワインスタイン流の男性性は現在でもなお支配的である。今日の課題は、女性的なものと男性的なものの意味を価値転換することである。さらに、ジェンダーと欲望を流動的にし、関係性のなかでの自己を新しく探究する機会とすることである。私はこの新しい自由を恐れる必要はないと思っている。むしろ恐れるべきなのは、未来があまりにも不確実で混沌としたものに見えるからといって、力にものを言わせて私たちを保護してくれる人たちのほうである。近代の達成とは、あらゆる存在の様式《モード》が差別なく共存する世界の約束が、最終的に果たされるということであろう。そのためには、何よりもまず、人類のなかで最も古く、永続的で、一般的で、抵抗力のある差別をなくさなければならない。かつてシモーヌ・ド・ボーヴォワールは、「女をその抑圧者たちに結びつけている絆は比較にならないほど強い」*53ので、女性は自分を悩ませている差別に対抗して「私たち」と言って立ち上がることにまだ成功していないと書いた。だが、現在でもそうであるとは、もはや言うことはできない。何百万人もの女性があえて #MeToo と声を上げ、彼女たちの言葉が一斉に反響して、地球の隅々にまで及んでいるのだから。

注

＊1 【訳注】大文字で記された「状況」（Situation）という語には、サルトルやボーヴォワールが論じた実存主義的な意味合いが込められていると思われる。

＊2 【訳注】八人の女性たちから過去の性暴力やセクハラを告発されたティエリ・マルシャル＝ベックのこと。

＊3 "How Tough Is It to Change a Culture of Harassment? Ask Women at Ford," The New York Times, 19 December 2017.

＊4 【訳注】「タイム」二〇一七年一二月一八日号。表紙の写真に写っている五人の女性とは、ハーヴェイ・ワインスタインを告発した女優アシュレイ・ジャッド、セクハラ行為をしたＤＪを訴えた歌手テイラー・スウィフト、配車アプリ「ウーバー」社内のセクハラ問題を告発したエンジニアのスーザン・ファウラー、カリフォルニア州のロビー活動家アダマ・イウ、メキシコ系の農業従事者イサベル・パスカル（彼女は仮名）。全員黒い色の服を着ており、前景には同じく黒い服を着た人物（性別は分からないが当然女性と思われる）の肘の部位だけが見えている。

＊5 【訳注】リオジエの原文では二〇一〇年からとなっているが、日本の大手民鉄では

京王電鉄が二〇〇一年三月から本格導入したのが最初。

＊6　【訳注】一六世紀半ばのスペインで行なわれた新大陸のインディオの地位をめぐる論争。

＊7　Emmanuel Kant, *La fausse subtilité des quatre figures du syllogisme*, 1762, §6 (*Œuvres philosophiques*, t. I, Paris, Gallimard, 1980, p. 193).〔「三段論法の四つの格」田山令史訳、『カント全集2』岩波書店、二〇〇〇年、三一七頁。「内感の能力」とは「自分自身の表象を自分の考えの対象にする能力」のこと〕

＊8　Emmanuel Kant, *Sur la question mise au concours par l'Académie royale des sciences pour l'année 1791 : quels sont les progrès réels de la métaphysique en Allemagne depuis le temps de Leibniz et de Wolff?*, 1791, Première Section (*Œuvres philosophiques*, t. III, Paris, Gallimard, 1986, p. 1225).〔「形而上学の進歩にかんする懸賞論文」円谷裕二訳、『カント全集13』岩波書店、二〇〇二年、三〇八頁〕

＊9　Emmanuel Kant, *Sur le lieu commun : il se peut que cela soit juste en théorie, mais, en pratique, cela ne vaut rien*, 1793, II (*Œuvres philosophiques*, t. III, Paris, Gallimard, 1980, p. 270).〔「理論と実践」北尾宏之訳、『カント全集14』岩波書店、二〇〇〇年、一八七頁〕

＊10　Emmanuel Kant, *Réponse à la question : qu'est-ce que les Lumières ?*, 1784 (*Œuvres *philosophiques*, t. II, Paris, Gallimard, 1986, p. 209).〔「啓蒙とは何か」福田喜一郎訳、『カント全集14』岩波書店、二〇〇〇年、二五頁〕

*11 【訳注】ジョン・ウェイン（一九〇七〜一九七九）はアメリカの俳優で、ジョン・フォードの『駅馬車』など数多くの西部《ウエスタン》劇映画に出演した。

*12 Marshall Sahlins, *Âge de pierre, âge d'abondance. L'économie des sociétés primitives*, 1972 (Paris, Gallimard, 1976, p. 185).〔マーシャル・サーリンズ『石器時代の経済学』山内昶訳、法政大学出版局、一九八四年〕

*13 【訳注】ミードがサモアを調査したのは一九二五年で、二八年に『サモアで成人すること』を出版。一方、一九三〇年代前半にはニューギニアのアラペシュ、ムンドグモル、チャンブリの調査に出かけている。

*14 Christine Delphy, *L'Ennemi principal*, Paris, Syllepse, 2013.

*15 Françoise Héritier, *Masculin/Féminin. La pensée de la différence*, Paris, Odile Jacob, 2012, p. 213.〔フランソワーズ・エリチエ『男性的なもの／女性的なものI　差異の思考』井上たか子・石田久仁子監訳、神田浩一・横山安由美訳、明石書店、二〇一七年、二三八〜二三九頁〕

*16 Peggy Reeves Sanday, "Rape-free versus rape-prone : How culture makes a difference," in Cheryl Brown Travis ed., *Evolution, gender, and rape*, MIT Press,

2003, pp. 337-361.

＊17 Youssef Courbage, Emmanuel Todd, Le Rendez-vous des civilisations, Paris, Seuil, 2007, p. 63.〔エマニュエル・トッド、ユセフ・クルバージュ『文明の接近――「イスラーム vs 西洋」の虚構』石崎晴己訳、藤原書店、二〇〇八年、一〇六頁〕

＊18 Julien Gracq, *Au Château d'Argol*, Paris, José Corti, 1938, p. 74.〔ジュリアン・グラック『アルゴールの城にて』安藤元雄訳、岩波文庫、二〇一四年、七五頁〕

＊19 Ibid., p. 75.〔同書、七五頁〕

＊20 Ibid., p. 76.〔同書、七六頁〕

＊21 【訳注】サンスクリット語の«vira»も同様に男性と英雄の二重性を表わす。

＊22 Simone de Beauvoir, *Le Deuxième Sexe*, t. I, Paris, Gallimard, 1949, p. 437.〔ボーヴォワール『決定版　第二の性』II体験（上）、『第二の性』を原文で読み直す会訳、新潮文庫、二〇〇一年、二一一頁〕

＊23 Ibid. p. 285.〔同書、一二頁〕

＊24 De la génération des animaux, I, 82 f.〔アリストテレス『動物発生論』〕

＊25 Timée, 90 e.〔プラトン『ティマイオス』種山恭子訳『プラトン全集12』岩波書店、一九七五年、一七五頁〕

＊26 【訳注】名詞に男性形と女性形があるフランス語では、通常は職業にも男性形と女

性形の両方があるが、「医者」(médecin)、「教授」(professeur)、「市長」(maire)などー部の職業は男性形しか存在しない。こうした職業が歴史的には男性によって独占されてきたことの表われであり、女性の場合は Madame le médecin, Madame le professeur, Madame le maire などと表記されてきたが、言語上の性差別を解消するために、定冠詞を男性形ではなく女性形で記す、Madame la professeure のように語末に e をつけて女性化するなどの措置も取られるようになってきている。

＊27 【訳注】(伝統的な) フランス語では、三人称複数で女性が入っていても男性が一人でも入っていれば男性形で表記するが (たとえば「このテクストを読む人たち」は «ceux qui lisent ce texte» と男性形のみで書いてきた)、男女を包括する書き方や演説の仕方が増えている (表記は «celles et ceux qui lisent ce texte» となる)。

＊28 Priscille Touraille, *Hommes grands, femmes petites. Une évolution coûteuse. Les régimes de genre comme force sélective de l'adaptation biologique*, Paris, Éditions de la Maison des Sciences de l'Homme, 2008.

＊29 Sylvie Chaperon, «Organes sexuels», *Encyclopédie critique du genre*, Paris, La Découverte, 2016, pp. 428-438.

＊30 【訳注】テルトゥリアヌスは二〜三世紀のキリスト教神学者。

＊31 Pierre Noailles, «Les tabous du mariage dans le droit primitif des romains», *Revue des études latines*, 1935, p.27.

*32 Anne Chapman, *Drama and Power in a Hunting Society. The Selk'nam of Tierra del Fuego*, Cambridge University Press, 1982.

*33 Michel de Certeau (textes choisis et présentés par), *La Possession de Loudun*, Paris, Julliard, 1978.〔ミシェル・ド・セルトー『ルーダンの憑依』矢橋透訳、みすず書房、二〇〇八年〕

*34 George Sand, *Histoire de ma vie, I*, 1854-1855, Paris, Flammarion, 2001, p. 203.〔ジョルジュ・サンド『我が生涯の記』加藤節子訳、水声社、二〇〇五年、第一分冊、五六六頁〕

*35 Virginia Woolf, *A Room of One's Own*, London, The Hogarth Press, 1929.〔ヴァージニア・ウルフ『自分ひとりの部屋』片山亜紀訳、平凡社ライブラリー、二〇一五年〕

*36 Jacques G. Ruelland, *L'empire des gènes. Histoire de la sociobiologie*, Lyon, ENS Éditions, 2004.

*37 【訳注】ギャラントリーとは、貴婦人に対する男性の愛と献身を指す。騎士道的な勇敢さという肯定的な意味と、慇懃無礼という否定的な意味の両方を帯びうる。

*38 Norbert Elias, *La Civilisation des mœurs* (1939), Paris, Calmann-Lévy, 1973, pp.

246-247.〔ノルベルト・エリアス『文明化の過程』上、赤井慧爾他訳、法政大学出版局、一九七七年、一九七八年、三三六年～三七一頁〕

＊39 Michel Foucault, *Histoire de la sexualité, 3, Le souci de soi*, Paris, Gallimard, 1984, p. 201.〔ミシェル・フーコー『性の歴史Ⅲ　自己への配慮』田村俶訳、新潮社、一九八七年、二二四頁〕

＊40 Denis de Rougemont, *L'Amour et L'Occident*, Paris, Plon, 1972.〔ドニ・ド・ルージュモン『愛について』上・下、鈴木健郎・川村克己訳、平凡社ライブラリー、一九九三年〕

＊41 Norbert Elias, op.cit., p. 267.〔前掲訳、三五八頁〕

＊42 【訳注】最初の男子普通選挙（間接選挙）が実施されて成立した一院制の議会（一七九二年九月～九五年一〇月）。王政廃止と共和政を宣言した。

＊43 "All men are created equal."

＊44 "The right of citizens of the United States to vote shall not be denied or abridged by the United States or by any State on account of race, color, or previous condition of servitude."

＊45 【訳注】二〇一八年一月に妊娠を発表、同年六月に女児を出産。首相在任中に産休を取得。

*46 Virginie Despentes, *King Kong Théorie*, Paris, Grasset, 2006.〔ヴィルジニー・デパント『キングコング・セオリー』相川千尋訳、柏書房、二〇二〇年〕

*47 Anna Kontula, "The Sex Worker and Her Pleasure," *Current Sociology*, vol. 56, issue 4, July 2008, pp. 605-620.

*48 【訳注】強い自尊心と向上心を持ち、社交的なタイプの男性を「アルファ男性」と言う。女性についても用いる。

*49 François de Singly (édit.), avec Isabelle Clair, Sandra Gaviria, Muriel Letrait, Sarra Mougel-Cojocaru, Mireille Paris, *L'injustice ménagère*, Paris, Hachette, 2008.

*50 Michael Wolff, *Fire and Fury : Inside the Trump White House*, NY, Henry Holt and Co., 2018, pp. 32-33.〔マイケル・ウォルフ『炎と怒り――トランプ政権の内幕』関根光宏・藤田美菜子・他訳、早川書房、二〇一八年、五〇頁〕「スティーブ・バノンにとって、トランプのユニークな政治的美徳とは、アルファ男性であること、もしかしたら最後のアルファ男性であることだったかもしれないという。それは一九五〇年代の男性、『ラット・パック』〔『シナトラ軍団』〕や、『マッドメン』に登場人物として出てくるタイプの男性である」〔フランス語から訳出〕。

*51 【訳注】カテブ・ヤシーヌ（一九二九～一九八九）はアルジェリアの作家。一九四五年の「コンスタンティーヌの暴動」に参加し投獄されたことが文学の原点。『ネ

ジュマ』（島田尚一訳、現代企画室、一九九四年）は、他民族の侵略を受けて失われた祖国を追求する物語。

＊52 Anaïs Bohuon, *Le test de féminité dans les compétitions sportives. Une histoire classée X ?*, Paris, Éditions iXe, 2012.

＊53 Op. cit., p. 21.〔ボーヴォワール『決定版 第二の性』Ⅰ 事実と神話、『第二の性』を原文で読み直す会訳、新潮文庫、二〇〇一年、二〇頁〕

訳者解説

1. 男性研究者の立場からフランスの #MeToo の議論に加わる

二〇一七年以来世界を席捲している #MeToo 運動。今なお私たちはこの運動が提起する問いの前にいる。ところで、この問いをどのように受け止めて語るのかには、どうしても立場性の問題がつきまとう。私は宗教学の観点からフランス語圏のライシテ（世俗主義）を研究しており、ジェンダーやフェミニズムが専門とは言えない一人の日本の男性研究者である。正直に告白すると、この問題について何をどう語ればよいのか、自分らしい角度をなかなか見つけることができなかった。無関心ではいられないはずなのに、傍目には無関心な人間と大きく異なるところのない時間を過ごしてきてしまった。

そうしたなかで出会ったのが、二〇一八年に刊行された本訳書のオリジナルに当たる

Descente au cœur du mâle――直訳すれば『男性の核心部に降りること』とでもなろうか――という #MeToo 運動に触発されて書かれた本である。著者のラファエル・リオジエはエクサンプロヴァンス政治学院教授で、パリの国際哲学コレージュでも教鞭をとる。宗教やライシテを専門とする社会学者・哲学者で、フランスにおける仏教受容や、社会の「イスラーム化」を煽る喧伝を批判する著作などがあり、トランスヒューマニズムについても論じているが、[*1]いわゆるジェンダーやフェミニズムの専門家ではない。

それでも、このように #MeToo について立場性を引き受けながら語ることができるのかと、私は驚きと共感を覚えた。そして、狭い専門分野に囚われず現代社会と切り結ぶ問題提起の本として、日本語に翻訳して紹介するに値すると考えた。

ちなみに、原書は一五〇ページ足らずの小著だが、彼がこれまで出した本のなかでは一番反響があって売れていると聞く。ニュースサイトなどでの紹介記事も多く、本人もラジオやテレビの教養番組などに出演して本書について語っている。

リオジエが本書で専門性を生かしているとすれば、それは宗教の時代も世俗の時代も男女差別は続いてきたと論じている点だろう。その点にはまた立ち戻ることとして、まずはこの本がフランスという文脈においてどのような特徴を持つのか、その一端を提示するために、フランスにおける #MeToo 運動の経緯を簡単に確認しておくことからはじめよう。

二〇一七年一〇月五日に「ニューヨーク・タイムズ」がハリウッドの大物ハーヴェイ・ワインスタインを告発すると、フランスではジャーナリストのサンドラ・ミュラーが一〇月一三日、セクハラの被害者でありながら弱い立場にあるために沈黙してきた女性たちに向けて、「#豚野郎を密告せよ」(#BalanceTonPorc) という――#MeToo よりも過激な調子の――ハッシュタグをつけて性加害者の男性を告発するようツイッター上で呼びかけた。

これに対し、二〇一八年一月九日、女優のカトリーヌ・ドヌーヴや作家のカトリーヌ・ミエを含む一〇〇名の女性たちが、#MeToo 運動の行き過ぎを戒め、男性が女性を「しつこく口説く自由」を擁護する連名記事を「ル・モンド」に発表した。[*2]「レイプは重罪である。しかし、執拗で不器用なナンパは軽罪にも当たらないし、女性に親切に振る舞うギャラントリーは男性優位の襲撃ではない」。女性に対する性暴力への認識が高まったのはよいが、言論の自由と言って男性を憎悪するようなフェミニズムはいかがなものか。性的自由を抑圧するようなピューリタニズムは、女性の保護と解放にはつながらないのではないか。

在仏ジャーナリストのプラド夏樹は、一般論として、フランスには「男女平等より性差を大切にする」文化があり、「過激な性教育はOKだが、ジェンダー論は流行らない」と論じている。歴史的に見ても、英米に比べるとフランスのフェミニズムは「おとなしい」もので、アメリカ由来の「セクハラ」概念の受容には長い時間がかかった。世界的潮流である#MeTooにも、反対の動きが女性の側から起きたのである。*3

このようななかでラファエル・リオジエは、男性の立場から、女性の意志を認めることと同意を求めることの重要性を強調する。そして、ドヌーヴらが署名した「ル・モンド」の記事は「驚くべき無知を物語っている」と指摘する。彼の見るところ、彼女たちは執拗に口説くことと真の恋の戯れを混同している。前者は相手の同意を尊重しないが、後者は同意を求める。女性の意志にお構いなしの男性中心主義こそが問題なのだとリオジエは言うわけである。

一方、リオジエは「#豚野郎を密告せよ」の過激な調子にも賛同していない。実際、極端な者たちはいかなる革命においても出てくると言い、もし自分が身に覚えのないセクハラの濡れ衣を着せられたら、密告して陥れようとした女性が偽証罪で有罪になってほしいと思うかもしれないと述べている。それでも彼は、#MeToo運動全般を支持する。問題の所在は、ある種の振る舞いを女性たちはもはや受け入れることはできないという事実を、共通認識にすることなのだとリオジエは言う。

2. 立場性を引き受けて問題の核心部へ

繰り返すと、ラファエル・リオジエの一番の専門は宗教と世俗であって、ジェンダーやフェミニズムではない。にもかかわらず、このような本を書いたのである。そこに逡巡がなかったわけではない。実際、#MeTooについて書くにあたり、彼はひとつの疑念に囚われたという。

自分はヨーロッパ人男性で、都会人で、西洋人で、裕福で、白人で、異性愛者だ。要するに、見たところ差別される側の人間ではない。だから、私が言葉を連ねてみても、それは正当性を持たないのではないだろうか。

しかし、彼は思い直す。自分にできるのは、女性について語ることではなく、この世界について語ることだ。そこには驚くべき男女の不平等があり、しかも巧妙なやり方で維持されている。そのことを論じるための正当な資格は、人間であれば足りるはずだ。

#MeToo のハッシュタグをつけて次々と声をあげはじめる女性たち。彼女たちの証言を読み進めるうちに、リオジエは加害者として告発される男たちへの嫌悪感とともに、自分も同じ男性であることに戸惑いを覚える。そして、自分がいかに「女性を見て欲望するよう条件づけられてきたのか」をおぼろげながら感じ取る。

リオジエが問題視するのは、女性の身体に向けられる男性の視線である。歴史的・社会的・文化的に培われてきたこの眼差しが、女性を客体化（objectiver）し、もの（objet）として所有すること、資本として蓄積することを可能にしてきた。そのようにして男性優位の構造が形作られてきた。そこに問題の核心がある。

原書のタイトル *Descente au cœur du mâle* は、ひとまず「男性の核心部に降りること」

と直訳することができるが、複合的なイメージを喚起する。フランス語の《mâle》は、「男」や「雄」を指す（ここでは名詞で使われているが、形容詞としては「男の、雄の」「男性的な、雄々しい」の意味）。ところで、これは《mal》という言葉とほとんど同じ発音で（[mal/mal]）、この語は形容詞や副詞としても使われるが、名詞としては、①「悪、悪事、悪行」、②「害悪、損害、災い、不幸」、③「苦労、困難」、④「苦痛」、⑤「病気」などを意味する多義語である。《mâle》と《mal》の二重性からは、「男性」＝「悪」とか、男性が社会の「不幸」や「困難」や「苦痛」の原因であるといったイメージが浮かんでくる。もちろんそのような男性は迷惑千万な加害者ということになるだろうが、実は男性自身も男らしさという「病気」を抱えて「苦労」しているといった穿った見方も可能かもしれない。

《cœur》は「心臓」「心」や「中心」を表わす。《mal》と《cœur》が結びついた表現もあり、《avoir mal au cœur》と言えば、「胸がムカムカする」「吐き気がする」という意味だが、「心が痛い」という意味にもなる。《au cœur de...》は「〜の中心に」で、そこに「降りること」（descente）は、ダンテ『神曲』の「地獄くだり」などを連想させる。

フランス語の原書のタイトルからは、男性中心主義こそが問題であり、その悪の核心部を突き止めて追究していくのだというイメージがまずは思い浮かぶ。しかし、さらなるニュアンスを原題に読み込むことも、おそらく可能である。この探究を男性研究者として行なうことは、自分の痛い経験を振り返ることにもなるし、ときに吐き気を催す男性性を男性として目撃することになる辛い作業である。けれども、女性を支配する眼差しを注いできた男性として、せめてその程度の地獄くだりはしないと、再び地上に出てくる資格はないのではないかと。

なお、二〇一八年に刊行されたフランス語の原書は、二〇二〇年に英訳されている。タイトルは、*Heart of Maleness : An Exploration* で、直訳すれば『男性性の中心——ひとつの探究』とでもなろうか。フランス語の言葉遊びが失われた感は否めないが、面白いのは表紙に見られる副題の部分で、Explanation（説明）の文字にバツがつけられ Exploration（探究）と訂正されている。ここで連想するのは、レベッカ・ソルニットが『説教したがる男たち』で論じている「マンスプレイニング」(mansplaining) という言葉である。[*4]「男」(man) と「説明する」(explain) を合わせて「マンスプレイン」(mansplain)、それを名詞化したこの造語は、男性が女性よりもものを知っているという性差別的な前提に立って説明する態度を指すものである。リオジエの試みは、そのような「説明」ではなく「探究」なのだというメッセージが、英語版の表紙には込められている。

以上を踏まえつつ、日本語訳の本書のタイトルは簡潔に『男性性の探究』とした。ともすると平板な印象を与えるタイトルかもしれないが、ここでの「説明」が、いわゆる「マンスプレイニング」に陥ることなく、読者の読みに奥行きを与える一助になれば、訳者としてはありがたい。

3. 系譜学的自省から女性の意志の承認へ

『男らしさの終焉』(*The Descent of Man*)の著者グレイソン・ペリーは、男らしさの観念に囚われて社会に害悪を撒き散らし、自ら不幸になっている男たちに、その観念を手放すよう説いている。傷ついていていい、弱くていい、間違ってもいいと諭している。*5 ラファエル・リオジエも「降りること」(descente)を勧めているが、それは男が高いところから降りて女性に歩み寄ることではなくて、男性性の悪の根を系譜学的に突き止めようということである。

リオジエは、ハンナ・アーレントが『エルサレムのアイヒマン』において論じた「悪の凡庸さ」(banalité du mal) からヒントを得て、多くの女性と性的関係を結ぶスキャンダラスな男性の悪行を、「男〔という悪〕の凡庸さ」(banalité du mâle) と呼ぶ。そして、そのような男性をカサノヴァ型とドン・ジュアン型に区別する。カサノヴァは女性を遍歴するが、愛した女性たちの思い出を大切にして『回想録』にまとめる。一方、ドン・ジュアンは理想の女性を求めて女を渡り歩くが満たされず、実は女性を憎んでいる。リオジエはカサノヴァ型を肯定するわけではないが、ドン・ジュアン型が問題なのだと指摘する。その典型がワインスタインで、彼は女性を喜ばすことではなく、部屋に呼びつけた女優たちを服従させて自分の支配欲を満たすことを楽しんでいた。

だが、ワインスタインならずとも、男性は女性の意志や同意を歯牙にもかけない振る舞いを続けてきたのではないだろうか。「眠れる森の美女」の物語では王子は姫をキスで目覚めさせるが、リオジエはこの物語のオリジナルであるジャンバティスタ・バジーレの「日と月とターリア」にさかのぼる。そこでは、王は人里離れた館で眠っているターリア姫を見て気に入り、寝ている彼女を犯すのである。これは、意識がなく抵抗できない状態の女性と強制性交する準強姦に相当する振る舞いである。それで妊娠した彼女は、眠った状態のままで双子を生む。乳を飲もうとする赤子が、たまたまターリア姫の眠りの原因であるトゲを抜く。目を覚ました彼女は王妃として迎えられ、王と子どもと幸せに暮らす。*6 リオジエは、これだと彼女はレイプされて幸運を摑んだという話になるが、そのような解釈に回収されてよいのかと問いかけている。

このように女性を客体化して支配する視線や女性の意志を無視する振る舞いは、特殊な男性や昔の童話にかぎらない。現代フランスにおいて、厳格な政教分離を謳うライシテ主義者は、ムスリム女性が被るヴェールを男性への服従の印と過激化の兆候としてしか見ることができない。敬虔な気持ちから、美的なファッション感覚からヴェールを着用したいと意志する女性もいることへの想像力が欠けている。こうリオジエが主張するとき、彼は現代フランスの支配的潮流に抗っている。

リオジエの見るところ、男らしさは端的に言えば女性の身体を資本として所有することによって示されてきた。けれども、それは子どもを産む力を持つ女性に対する男性のコンプレックスの裏返しでもあったという。連続してオルガスムを味わえる女性に対する男性の無力感の裏返しでもあったという。しかし、そのような男性の妄想は、女性のみならず男性をも苦しめてきたところがある。

では、どうすればいいのか。リオジエの主張は、ある意味でとてもシンプルである。それは女性の意志を尊重せよということに尽きる。そのような平等は人を自由にする。男性の立場から言うならば、意志的な女性と対等な関係を結び直すことのできる男性は、自分に対して、また相手に対して、信頼を持つことができる。そのような平等は、性別の違いをなくすことではない。大事なのは、差別することなく差異を再び自分のものにすることである。系譜学的な反省を行ない、批判的に立て直したうえで、自分自身を再肯定できるようにすること。それは、男性の女性化でも、男性性への退却でもない。男女の実質的な平等が促進されても、幻想は新たに作られるだろうし、そのこと自体は人間的なことである。性差が消えるのは可能でもなければ望ましくもないとリオジエは考えている。

4．宗教と世俗の歴史に #MeToo を位置づける

ここまでリオジエの議論の特徴を、現代フランスの文脈での位置、男性という立場性を背負っての探究、性差を再肯定するための条件といった観点から描き出してきた。そこに今度は宗教と世俗の歴史という観点をさらに重ねてみよう。*7

リオジエは、人類学者のマーシャル・サーリンズに依拠しながら、男性による女性の身体の所有化は新石器時代にまでさかのぼると論じている。それ以来、地理的な場所や宗教を問わず、人間の社会では男性支配が続いてきた。*8

この小著においてリオジエが行なっているのは問題提起であって、手堅い考証を重ねる歴史学者として振る舞っているわけではない。本書での歴史の描き方は大摑みだが、たとえば規範から逸脱する女性たちの表象については、教会が力を持っていた中世では魔女だったが、科学に権威が移る近代ではヒステリー患者に変化するという説明をするなど、ポイントを押さえている。ここには、他者は周辺化されつつ囲い込まれるというフーコー的なモチーフが顔を覗かせている。女性について語る医学言説も、しばしば男性の権威を正当化する疑似科学であったと指摘している。*9

宗教から世俗への変化は男女の不平等を温存したというリオジエの見方は、フェミニズム歴史学の議論に重なる。

現代のフランスでは、共和国の価値としてライシテと男女平等が結びつけられて語られることが多い。

これについて、フランスの女性史を専門とするアメリカの歴史学者ジョーン・W・スコットは、ライシテと男女平等を結びつける言説は一九九〇年代以降のもので、それはムスリムを他者化し排除するような傾向と歩調を合わせていると指摘する。むしろライシテそのものは、市民権や公共生活から女性を排除し、女性を宗教から解放するどころかむしろ逆に宗教に結びつけることによって確立したと彼女は論じている。*10

ただ、女性研究者のあいだでも、共和国のライシテが女性差別的であるか否かについては見解が分かれる。

スコットはアメリカのフェミニズムの立場から、フランス共和国のライシテが普遍主義的な平等の理念を謳いながら性差別の構造を維持してきたと告発する。これに対し、レイモン・アロンの娘でもあるドミニク・シュナペールは、フランスの共和主義を擁護する立場から、形式的平等はたしかに実質的平等を意味しないが、前者は後者の必要条件であるとして、フランス革命の理念のなかに男女平等の萌芽を見ようとする。*11

いずれにせよ、ジェンダーの視座を得ると、ライシテの歴史が違って見えてくる。一般には対峙する宗教の変化が指摘され、この観点から眺めると、カトリックとのヘゲモニー争いを繰り返したフランス革命から二〇世紀初頭までと、イスラームの統合を課題とする一九八九年以降が重要な時期区分として浮きあがる。これに対し、ジェンダーの観点に立つと、カトリックと共和派が実は共犯関係を結んでいた様子が見えてきて、人びとを規律してきた道徳が問い直される一九六〇年代が大きな分水嶺をなす。避妊や中絶など女性の自己決定に関する当時の議論はあまりライシテについて語っていないが、今日のライシテ研究は親密圏の慣習の問題もカバーしており、そこには一九九〇年代以来の争点である同性婚や終末期の自己決定なども含まれる。そこに #MeToo の問題も位置するのである。

フランスにおける政治的・社会的な男女の不平等は、少しずつ解消されてきたと言えるが、その歩みは他国にしばしば遅れをとってきた。たとえば、男性が普通選挙権を獲得したのは一八四八年だが、女性が参政権を獲得したのは一九四四年で、これはブラジルやトルコよりも遅い。妻が夫の許可なく銀行口座を開くことができるようになったのは、一九六五年のことである。

一九六〇年代以降も、男女の不平等は、改善されてきた面と、今なお課題として残っている面とがある。ピエール・ブルデューの『男性支配』は、女性を取り巻く環境の変化にもかかわらず、象徴的暴力を通じて再生産されてきた男性支配の永続性を論じ、変化していない要素もある点に注意を向けた。[*12] それもあって、彼は男性支配の事実確認だけではなく、その実践的再生産をしていると、フェミニストたちからの批判も受けた。[*13]

リオジエの本書では、ブルデューの名は急ぎ足で言及される程度だが、男性優位の社会秩序が自然であるかのように構築されてきたという認識は両者に共有されている。ただ、おそらくリオジエの力点は、男性支配の永続性のメカニズムの解明よりも、現在の実践的な焦点化に置かれている。彼は男性支配の歴史を終わらせる革命的な切断として、#MeToo を位置づけようとしている。それは二〇一七年秋に起きた一過性の出来事ではなく、長い歴史のなかで現在を際立たせるうねりなのである。

5. 議論を呼び込みながら核心的メッセージを伝播する

繰り返しを厭わず言えば、本書で「男性の核心部に降りること」を提案するリオジエ自身の主張の「核心部」は、男性が女性に対して注ぐ眼差しが男性支配を可能にしてきたことを省みて、女性の意志を尊重し、その地平で性差を再び肯定できるようにすることである。私は、これは非常に真っ当な主張だと思う。ただし、性差の再肯定では男性支配の永続化を解消できないという意見の人や、原理原則を政策へと結びつける道筋が見えないと批判する人もいるだろう。男女二元論を超えて、性的多様性の観点から議論を仕切り直す必要があると考える人もいるかもしれない。

また、リオジエが論述のなかで持ち出す比較的細かい事例にしても、解釈は多様な文脈において複数の観点からなされうるもので、議論を呼び起こす性質を帯びている。

たとえば、本のなかでリオジエが日本のことに言及している箇所として、女性専用車両について批判的に述べている箇所を取りあげてみよう。彼はこの特別な車両について、女性を保護するためという理由があるが、それでは問題解決にならず、むしろ女性に対する差別的な偏見を助長することになると主張している。それはその通りかもしれないが、そういう議論を展開するときの彼は、フランス流の普遍主義的な人権感覚が共有されている社会を前提としているように思われる。社会の事情はそれぞれ異なることがあるし、順番や段階を踏むべきこともある。日本の実情を知るならば、女性専用車両を撤廃するには残念ながら時期尚早という判断はある程度妥当なのではないだろうか。

ハイヒールについての言及もある。最初はルイ一四世が背を高くするために履いたこの靴は、女性が履くようになるとヒールの部分が細くされ、歩みの安定感を奪うことで弱く頼りない女らしさが演出されることになった。けれども現在では、会社の社長や重役となった女性が自信と権威の象徴としてハイヒールを用いることもある。このように同じものを用いながら価値を転換することは可能だとリオジエは言うのだが、ヒールを履くことの苦痛を訴える日本の女性たちの #KuToo 運動が #MeToo 運動から派生していることは、彼の視界には入っていないようである。

これは、別にリオジエの見識不足をあげつらうつもりで言っているのではない。彼は本質的に重要な点を主張している。その一方で、荒削りなところも見受けられる。だからこそ、彼の問題提起を議論に巻き込んで、その核心部にあるメッセージを伝播し拡散していくことが重要なのだと言える。その拡散先として、ジェンダー・ギャップ指数の順位を近年下げ続けている日本は、当然入ってくるべきだと言わなければならない。

6. 本訳書の経緯について

本書は、Raphaël Liogier, *Descente au cœur du mâle*, Paris, Les Liens qui Libèrent, 2018, 144p. の全訳である。英語版の書誌情報は次の通り。*Heart of Maleness : An Exploration*, translated by Antony Shugaar, New York, Other Press, 2020, 101p.

著者のラファエル・リオジエは、二〇二〇年五月に来日していくつかの学術イベントを行なう予定であった。グローバル化と宗教、アイデンティティ、トランスヒューマニズムをテーマとするシンポジウム、講演会、対談と並び、「#MeToo 運動という革命——男性優位の見方を問い直す」と題した討論会が、東京の日仏会館で開催されるはずだった。しかし、あいにく折からのコロナ禍で彼の来日は叶わず、予定はすべて流れてしまった。

訳者はこの招聘事業に関わっており、中止を余儀なくされたのは残念だった。準備の過程で本書の原書を読み感銘を受けていたので、なかでも #MeToo についての討論会は楽しみにしていた。二〇一九年の暮れ頃だったか、原書を読みながら、五月の討論会に合わせて翻訳出版できたらいいのにという考えが一瞬頭をよぎったが、時間的にはとても間に合わないと思い、すぐに無理だと諦めた。要するに、この本を私自身が日本語に翻訳することまでは、当初は考えていなかった。

イベントが流れ、コロナ禍のためにほとんど自宅での仕事が続くなか、男女の格差についての認識を新たにし、またコロナ後の社会を展望し提言する論者がしばしば男性に偏っているのを目撃した。私自身、このような状態は今の日本の社会にとって大きな問題だと考えている。そうしたなかで、この本を日本語にして出す意義もあるのではないかと思いはじめるようになった。近い将来、著者を改めて日本に招く機会があった場合（現在ではオンラインという手段もあるが）、すでに翻訳書があるとよい。そうでなくても日本語の読者——男女を問わない——に、彼の議論がどのような反応を引き起こすのかを見てみたい。

私のなかでは翻訳の意義があると確信していても、周りに認めてもらうにはプロセスが要る。リオジエの名前も、日本ではほとんど知られていない。どのような内容で、どのような特徴を備えた本なのか、「群像」二〇二〇年九月号の「論点」に紹介する機会をいただいた。この「訳者解説」の5節までは、そのときに執筆した論考「男性性の探究と#MeToo運動」がもとになっている（基本的には、ほぼそのまま再録したもので、若干の必要な手直しを加えたにすぎない）。

二〇二〇年一一月にはアメリカ大統領選挙があり、民主党のジョー・バイデンが勝利した。本書の終わり近くでは、男性優位の思想を体現するドナルド・トランプと家父長制のコードを転倒したエマニュエル・マクロンが対比される形で論じられている。一方のトランプは再選を果たせず、他方のマクロンは――その男女平等観には特に変化は窺えないものの――最近では権威主義的な姿勢を強めているようにも見受けられる。それでも、リオジエが本書で論じている本質的な部分は、ごく最近の表面的な変化に左右されるものではなく、もっと深いところまで届く性質の議論だと思われる。

翻訳にあたっては、学問の世界に身を置く著者が、時事的な社会問題を深いレンズでとらえる視点を提供しつつ、みずからの主張を展開する性質の本であることを踏まえ、専門分野を問わない一般書として読める日本語にすることを意識した。

フランス語の原書で意味が曖昧な箇所が、英語版で明確になっていることがあり、そのような箇所では随時英語版も参考にしながら訳した。

欧文と日本語では段落の観念が必ずしも同一ではないことに鑑みて、また日本語の本として読みやすくなるように、原文にはない改行をところどころで加えている。

文中で言及される書籍などにつき、邦訳があるものは随時参考にして書誌情報などもできるかぎり記すようにしたが、既存の訳書の訳文とは必ずしも一致していないことをお断りしておきたい。

最後になるが、本書の翻訳出版の意義を認めてあと押ししてくださった「群像」編集長の戸井武史さんと出版部、そして校閲の方々にお礼申しあげたい。

伊達聖伸

二〇二〇年一二月

訳者解説 注

＊1 Bruno Étienne et Raphaël Liogier, *Être bouddhiste en France aujourd'hui*, Paris, Hachette, 1997 ; Raphaël Liogier, *Le mythe de l'islamisation : Essai sur une obsession collective*, Paris, Seuil, 2012 ; Raphaël Liogier, «Convergence(s) et singularité(s) : À propos des deux concepts clés de l'eschatologie transhumaniste», *Social Compass*, Vol.64, Issue1, 2017, pp.23-41.

＊2 «Nous défendons une liberté d'importuner, indispensable à la liberté sexuelle», *Le Monde*, le 9 janvier 2018.

＊3 プラド夏樹『フランス人の性——なぜ「＃ＭｅＴｏｏ」への反対が起きたのか』光文社新書、二〇一八年。

＊4 レベッカ・ソルニット『説教したがる男たち』ハーン小路恭子訳、左右社、二〇一八年。

＊5 グレイソン・ペリー『男らしさの終焉』小磯洋光訳、フィルムアート社、二〇一九年。

＊6 ジャンバティスタ・バジーレ「日と月とターリア」『ペンタメローネ』（下）杉山洋

子・三宅忠明訳、ちくま文庫、二〇〇五年、三一〇～三一九頁。浜本隆志『ねむり姫の謎──糸つむぎ部屋の性愛史』講談社現代新書、一九九九年も参照。

＊7　マルセル・ゴーシェは、「宗教からの脱出」と男性支配の終焉を関連づけている。彼によれば、#MeToo運動が起きたのは、男性支配が続いているからというよりも、男性支配を可能にしてきた根拠が失われているからである（Marcel Gauchet, «La fin de la domination masculine», *Le Débat*, n°200, 2018, pp.75-98）。

＊8　家父長制と女性の従属的地位が複数の起源から構成されてきた点を論じたものとして、ゲルダ・ラーナー『男性支配の起源と歴史』奥田暁子訳、三一書房、一九九六年。

＊9　Jean Baubérot et Raphaël Liogier, *Sacrée médecine : Histoire et devenir d'un sanctuaire de la Raison*, Paris, Entrelacs, 2010.〔ジャン・ボベロ、ラファエル・リオジエ『〈聖なる〉医療──フランスにおける病院のライシテ』伊達聖伸・田中浩喜訳、勁草書房、二〇二一年〕も参照。

＊10　Joan W. Scott, *La religion de la laïcité*, Paris, Flammarion, 2018.

＊11　Anne Chemin, «Débat : la laïcité a-t-elle favorisé la discrimination des femmes et des musulmans ?», *Le Monde*, le 27 septembre 2018.

＊12　ピエール・ブルデュー『男性支配』坂本さやか・坂本浩也訳、藤原書店、二〇一七

年。

＊13　同書「訳者解説」、二三五〜二三六頁。

【著者】ラファエル・リオジエ Raphaël Liogier
一九六七生まれ。フランスの宗教やライシテ（政教分離）を専門とする哲学者・宗教社会学者。エクサンプロヴァンス政治学院教授。パリの国際哲学コレージュでも教鞭をとる。#MeToo 運動をきっかけに感じた問題意識から二〇一八年、本書を刊行、フランス国内外で話題を呼ぶ。ジャン・ボベロとの共著に『〈聖なる〉医療』（伊達聖伸・田中浩喜訳、勁草書房）がある。

【訳者】伊達聖伸（だて・きよのぶ）
東京大学大学院総合文化研究科准教授。専攻は宗教学、フランス語圏地域研究。一九七五年仙台市生まれ。東京大学大学院人文社会系研究科博士課程単位取得退学。フランス国立リール第三大学博士課程修了（Ph.D.）。二〇一一年、『ライシテ、道徳、宗教学』（勁草書房）でサントリー学芸賞、渋沢・クローデル賞などを受賞。他の著書に『ライシテから読む現代フランス』（岩波新書）、編著に『ヨーロッパの世俗と宗教』（勁草書房）、共編著に『社会統合と宗教的なもの』（白水社）などがある。

装幀　川名　潤

男性性《だんせいせい》の探究《たんきゅう》

二〇二一年三月二九日　第一刷発行

著者——ラファエル・リオジエ

訳者——伊達聖伸《だてきよのぶ》

発行者——鈴木章一

発行所——株式会社講談社

東京都文京区音羽二—一二—二一

郵便番号一一二—八〇〇一

電話　編集　〇三—五三九五—三五〇一

販売　〇三—五三九五—五八一七

業務　〇三—五三九五—三六一五

印刷所——凸版印刷株式会社

製本所——株式会社国宝社

ISBN978-4-06-522726-8